朝岡 勝
asaoka masaru

喜びの知らせ

説教による教理入門

いのちのことば社

挿画・装丁＝ホンダマモル

はじめに

使徒パウロは、コリント教会の人々にこう書き送りました。

「兄弟たち。私があなたがたに宣べ伝えた福音を、改めて知らせます。あなたがたはその福音を受け入れ、その福音によって立っているのです。私がどのようなことばで福音を伝えたか、あなたがたがしっかり覚えているなら、この福音によって救われます。そうでなければ、あなたがたが信じたことは無駄になってしまいます。私があなたがたに最も大切なこととして伝えたのは、私も受けたことであって、次のことです。」

(Iコリント一五・一～三)

ここには「福音とはこれだ」という伝道者パウロの確信があります。その確信の根拠になっているもの、それは「私があなたがたに最も大切なこととして伝えたのは、私も受けたこと」（同三節）とあるように、この福音が神の民の間で受け渡され、受け取られ、受け継がれてきたという事実であり、何よりも「聖書に書いてあるとおりに」（同節）教えられ、信じられ、そして生きられてきたものだという事実にありました。

パウロが伝えた福音。それはイエス・キリストの出来事でした。とりわけイエス・キリストの十字架の死とよみがえりの出来事がその焦点でした。教会は、このパウロの確信を自らの確信として、福音を語り、伝え、教え、証しし続けてきました。そして何よりもこの福音に生きることをもって、生けるキリストを示し続けてきました。

使徒パウロは、またこうも書き送っています。

「私は福音のためにあらゆることをしています。」（同九・二三）

ここには「福音のためならなんでもする」という、伝道者パウロを動かしている情熱があります。その確信の根拠になっているもの、それは「私も福音の恵みをともに受ける者となるため」（同節）とあるように、自分自身もこの福音の恵みに生きているという救いの原体験でした。

福音は喜びの知らせです。喜びはあふれ出るものです。喜びはとどめおくことができません。そして喜びは、これを誰かに知らせたい、これを誰かと分かち合いたい、これを誰かと喜び合いたいと、私たちを動かし、走らせる力の源となります。

私たちもこの喜びの知らせを受け取りました。喜びに動かされた誰かが、この知らせを届けてくれたからです。この受け取った喜びの知らせの中身をよく確かめたいと思います。それを確かめたなら、この喜びに生きる者になりたい。そして、この喜びによって動かされ、喜びの知らせを届けに走り出す者になりたいと思うのです。

目次

はじめに　3

1　福音のはじめ……12
神を愛するために神を知る
福音のはじめ
神の子イエス・キリスト

2　良い知らせを伝える者……27
「良い知らせ」としての福音
良い知らせは届いている
福音を届ける教会
良い知らせを伝える者

3 福音に仕え、教会に仕える……42
福音との出会いの場としての教会
福音に仕える使徒
福音に仕える教会
4 主イエスを証しする聖書……58
神のことば、聖書
主イエスを証しする聖書
聖書がわかるということ
聖書の目的
5 神は語られる……79
昔、預言者たちを通して
終わりの時には御子によって
そして今は聖霊によって

聖霊に導かれて神の語りかけを聞く

6 「わたしはある」という神……100
名乗る神
「わたしはある」という神
「わたしはある」という御子イエス・キリスト
神を呼ぼう
アバ、父よ

7 いのちを与え、生かす神……115
創造の神
リステラでのパウロの姿から
創造の神の摂理の御業
父の御手を信じて

8 私たちのもとに来られるキリスト……134

巡り、教え、宣べ伝え、癒やすキリスト
巡り歩くキリスト
捜し出し、救い出すキリスト
私たちのもとに来られるキリスト

9　十字架のキリスト …… 152
福音としての十字架、つまずきとしての十字架
十字架の主イエスの傍らに
私のための十字架のキリスト

10　復活の主と生きる …… 171
復活の信仰の確かさ
復活の信仰がもたらす益
見当たらない喜び

11　神の子どもとされる幸い …… 187

罪の赦しをめぐって
「肉においての生」から「霊における生」へ
神の子どもとされる幸い

12 主と同じかたちに …… 203
「聖徒」とは誰か
義とされ、聖とされ
主と同じかたちに
苦難から栄光への道を

13 ひるがえって、新しく生きる …… 216
神の子どもとして歩む
ニコデモに見る私たちの姿
新しく生まれる
上から生まれる　ひるがえって生きる

14　キリストに結ばれて……233
救いの全体としてのキリストとの結合
キリストとの結合の恵み
キリストに結ばれる道筋

15　あなたを見放さず、あなたを見捨てない……244
教理は倫理へ
福音に生きる
愛にとどまり続けて
わたしは決してあなたを見放さず、あなたを見捨てない

あとがき　259

1　福音のはじめ

1 神の子、イエス・キリストの福音のはじめ。
2 預言者イザヤの書にこのように書かれている。
「見よ。わたしは、わたしの使いを
あなたの前に遣わす。
彼はあなたの道を備える。
3 荒野で叫ぶ者の声がする。
『主の道を用意せよ。
主の通られる道をまっすぐにせよ。』」そのとおりに、
4 バプテスマのヨハネが荒野に現れ、罪の赦しに導く悔い改めのバプテスマを宣べ伝えた。
5 ユダヤ地方の全域とエルサレムの住民はみな、ヨハネのもとにやって来て、

自分の罪を告白し、ヨルダン川で彼からバプテスマを受けていた。6ヨハネはらくだの毛の衣を着て、腰に革の帯を締め、いなごと野蜜を食べていた。7ヨハネはこう宣べ伝えた。「私よりも力のある方が私の後に来られます。私には、かがんでその方の履き物のひもを解く資格もありません。8私はあなたがたに水でバプテスマを授けましたが、この方は聖霊によってバプテスマをお授けになります。」

（マルコ一・一〜八）

神を愛するために神を知る

聖書が語る救いの教えを「教理」と言います。教えの理（ことわり）。救いの道理。救いがもたらす喜びの筋道。「喜びの知らせ」としての福音とはどういうものなのかを表すもの。それが「教理」です。

教会は歴史の中で、教理を大切にしてきました。救いがもたらす喜びは、感情と結びつくものであるとともに知性にも結びつくものであること、そして何よりも、もっと深く根源的な、魂と結びつくものであることを体得してきました。それゆえに、教会は教理を学ぶことを大切にしてきました。それは、この「喜び」に生きるためにどうしても必要なことだったからです。

「信じること」と「知ること」は切り離すことができません。信仰の世界においては、ただ「信じる心」が大事というわけではなく、「何を」信じているかが肝心です。より正確には「誰を」信じているかということでしょう。なぜなら、そこで向き合っているのは「生ける神」だからです。どんな神さまなのかさっぱりわからないけれども、拝んでいるとありがたい気持ちがするからこの神さまを信じておこう、というのではなく、その神さまはどういう方なのか、私たちに何をしてくださる方なのかを知る。これはとても大事なことです。

中世の時代、教会を教え導いた偉大な神学者に、カンタベリーのアンセルムスという人物がいます。彼がその著書『プロスロギオン』に記したことばに、「知らんがために、われ信ず」というものがあります。神を知るということは、知識を積み上げることによって得られる客観的な真理の認識ではなく、生けるまことの神を信じるための認識であり、この生けるまことの神を信じるときに、ますますこの神を知るようになっていく。そのような意味で、「神を知るために私は神を信じる」と言っているのです。信じることへと向かう心をもって神を知っていく。これが、私たちのスタート地点であることをアンセルムスは示したのでした。こうして私たちが礼拝に集い、そこで賛美をささげ、祈りをささげ、みことばに聞くことは、まさにそのスタートなのです。

初めて教会に来られた方がやがて礼拝に続けて集うようになると、頃合いを見て信仰入門の学び会にお誘いします。週に一度教会に来てもらい、信仰入門のテキストを用いて、「聖書とは」「神とは」「人間とは」「罪とは」「キリストとは」「救いとは」「教会とは」ということ、つまり基本的な教理を学んでいくのです。ある方とは三か月、ある方とは半年、ある方とは一年以上かけて学んでいきます。その中でいろいろな質問が出され、一緒に考える。最初から求道心をもって学びに臨まれる方もあれば、聖書やキリスト教に対する知的な関心から学び始める方もあり、積極的な方、消極的な方などさまざまです。

しかし、毎週ともに学び続けて行くうちにやがて転機が訪れる。「知識」を目指して始まった歩みが、ある段階から「知識から信仰へ」と開かれ、さらに「信仰からさらなる知識へ」と導かれていくようになる。理屈で納得できなければ信じられないと言っておられた方が、ある時期、そこから抜け出していくということがあります。「信じさせてください」と祈り始めたときから、知識や理屈を超えて神の御手に導かれていく姿を目の当たりにすることもあります。

こうして信仰を与えられ、救われて、それでゴールインではありません。そこからさらに「知らんがために、われ信ず」という営みは進んで行きます。信仰の歩みを続けていく中で繰り返し教理を学ぶことで、私たちは、私たちを愛してやまない御子イエス・キリストの父なる神をますます深く知り、愛し、従う者となっていくことができるのです。

宗教改革者カルヴァンが、自分が奉仕していたジュネーヴの教会の子どもたちや信徒のために書いた『ジュネーヴ教会信仰問答』の中で、私たちの生きる目的が「神を崇める目的で神を知ること」と言いました。神を礼拝する者となっていくために、私たちは生かされている。カルヴァンはこの信仰問答を、フランス語とラテン語の二種類の言語で書き記しました。民衆のことばであったフランス語と、知識層のことばであるラテン語です。フランス語訳では、カルヴァンはこの問答の答えを「神を愛する目的で神を知ること」と書いています。〝神を崇める〟ことと〝神を愛する〟こと。ことばは違いますが、意味するところは同じです。

私たちが、聖書を通して教理を学ぶのは何のためでしょうか。「キリスト教」という宗教についての知識をたくさん蓄えて物知りになるためではなく、それによって生けるまことの神であるイエス・キリストが、私たちをどれほどに愛し、尊び、喜んでおられるかを知り、そのように愛され、尊ばれ、喜ばれていることを知る喜びの中で、この生けるまことの神であるイエス・キリストを心からあがめ、愛する者となっていくためなのです。この道筋を進んで行くために、聖書のことばに聞いていきたいと思います。

福音のはじめ

「福音のはじめ」大変印象深いことばです。新約聖書には、マタイ、マルコ、ルカ、ヨハネの四つの「福音書」と呼ばれる書物が収められています。ヨハネを除く三つを「共観福音書」と言いますが、その中で最初に記されたのが「マルコの福音書」です。福音書の中で一番短く、時に荒削りとも思えるような力強さで、太い線をぐいぐいと引いていくような文章で記された書物です。

四つの福音書の中で、自らを指して「福音」と言うのもマルコの福音書の特色です。

マルコは、自分が記すのは「福音」だと言っているわけです。この書物の最も力を込めて伝えたいことを、最初にはっきりと書いたのが「神の子、イエス・キリストの福音のはじめ」という一文でした。マルコはこの始まりをもって、福音書を書こうとしているのです。

そもそも聖書のいう「福音」とは何でしょうか。それは「良きおとずれ」「喜ばしい知らせ」「良い知らせ」という意味を持つことばです。このことばは、さかのぼれば旧約聖書の中にその原型を見ることができます。特に、旧約聖書のイザヤ書という預言書の中に、何度もこの「良い知らせ」ということばが登場します。

「シオンに良い知らせを伝える者よ、高い山に登れ。エルサレムに良い知らせを伝える者よ、力の限り声をあげよ。声をあげよ。恐れるな。ユダの町々に言え。『見よ、あなたがたの神を。』見よ。神である主は力をもって来られ、その御腕で統べ治める。見よ。その報いは主とともにあり、その報酬は主の御前にある。」

（イザヤ四〇・九〜一〇）

「良い知らせを伝える人の足は、山々の上にあって、なんと美しいことか。平和を告げ知らせ、幸いな良い知らせを伝え、救いを告げ知らせ、『あなたの神は王で

あられる』とシオンに言う人の足は。」（同五二・七）

「神である主の霊がわたしの上にある。貧しい人に良い知らせを伝えるため、心の傷ついた者を癒やすため、主はわたしに油を注ぎ、わたしを遣わされた。」

（同六一・一）

このように旧約聖書の語る「良い知らせ」とは、やがて救い主、メシアが来られるという知らせだとわかります。何かの教え、思想、出来事についての情報ではない。「神が遣わされる救い主が来られる」という知らせ。これこそが何よりの福音なのです。だからマルコの福音書は、大事な降誕物語などを一切飛ばしてまで、真っ直ぐに神の子イエス・キリストのお働きに焦点を当てているのでしょう。

そのようにして、神の子イエス・キリストの福音を書くマルコが、その「はじめ」に記すのは旧約聖書のみことばです。

「預言者イザヤの書にこのように書かれている。『見よ。わたしは、わたしの使いをあなたの前に遣わす。彼はあなたの道を備える。荒野で叫ぶ者の声がする。「主の道を用意せよ。主の通られる道をまっすぐにせよ。」』」

（マルコ一・二～三）

救い主キリストと出会うためには道を整えなければならない、とマルコはここで記します。その道を通ってイエス・キリストと出会うのです。では、その準備とは何か。それが旧約聖書であり、また預言者たちであったというわけです。

ここで示される「預言者イザヤの書」とは、厳密には旧約聖書の最後の書物、マラキ書の「見よ、わたしはわたしの使いを遣わす。彼は、わたしの前に道を備える」(三・一)と、イザヤ書四〇章三節「荒野で叫ぶ者の声がする。『主の道を用意せよ。荒れ地で私たちの神のために、大路をまっすぐにせよ』」ということばの引用です。ここでマルコは、二つの旧約聖書のみことばをひとまとめにして紹介しているのです。

マルコはこの二つの旧約聖書の預言のうち、まずマラキ書三章に出てくる「わたし」を神の御子、まことの救い主メシア、イエス・キリストであるとし、続いてイザヤ書四〇章の「荒野で叫ぶ者」が、主イエスの前に「わたしの使い」として遣わされ、「彼はあなたの道を備える」と言われた、主イエスの先駆けとして現れたバプテスマのヨハネだとしているのです。事実、三節後半から「そのとおりに、バプテスマのヨハネが荒野に現れ、罪の赦しに導く悔い改めのバプテスマを宣べ伝えた」とあるように、バプテスマのヨハネは、イエス・キリストの前に道を備える者として「荒野で叫ぶ者の声」の役割を果たし、自分の後から来られる方こそが、あの旧約聖書のイザヤが語った救い主であることを伝えたのです。

イエス・キリストとバプテスマのヨハネの関係は、大きくとらえると、新約聖書と旧約聖書の関係と言えるでしょう。旧約聖書とは、やがて来られる救い主を指し示す書物です。旧約聖書に出てくるさまざまな律法、こと細かな礼拝祭儀や生活に関わる規定、そして預言者たちのことばすべては、やがて来られるイエスさまを指し示しています。そして旧約聖書から多く登場する預言者たちの中で、最後に現れた預言者がこのバプテスマのヨハネだということになるのです。

旧約聖書が指し示しているのがイエス・キリストであるのなら、旧約聖書がわからないとイエスさまのことがわからないということになります。旧約聖書は分量も多いし、内容も難しい。細かなこともかなり記されており、読み進めることは容易ではありません。途中で挫折したという経験を持つ方も多いことでしょう。しかし、だからといって新約聖書だけ読んでいればいいというわけにはいきません。新旧約合わせて六十六巻で聖書です。旧約聖書があってこその新約聖書です。聖書全体を通して、キリストが私たちに証しされてくることを体験したいと思うのです。

神の子イエス・キリスト

イザヤが預言し、マラキが指し示し、荒野の声なる洗礼者ヨハネが道備えをした方。この方こそ、私たちを罪から救うことのおできになるただ一人の救い主、神の御子イエス・キリストです。マルコは、このイエス・キリストの生涯の全体を書こうとは思っていませんでした。福音書とは、イエスさまのいわゆる「伝記」ではありません。つまり、イエスさまが生まれてから死ぬまでの生涯すべてを書き記した書物ではないのです。そういう意味では、非常に独特な文学類型と言えるでしょう。どの福音書をとっても、そこでは明確に、あるひとつのことに焦点が向けられています。マルコの福音書でいえば、イエス・キリストの神の子としてのあり方の中心についてです。福音書の焦点、中心とは、イエス・キリストの十字架と復活の出来事にほかなりません。マルコの福音書も、イエス・キリストの十字架と復活に向けて筆を進めているのです。

「すぐに」ということばが何度も出てくるマルコの福音書。読者である私たちを先へ先へと進ませながら、マルコが私たちの目をどこに向けさせたいかというと、イエス・キリストの十字架です。最も痛ましく、むごたらしく、目をそむけたくなるほどの、あのキリストの十字架の出来事こそが、私たちにとっては「喜びの知らせ」すなわち、まさしく福音なのであって、その一点にマルコは最初から焦点を当て続け、この福音書を書いていったのです。そこから、私たちも目をそらしてはならないのです。

「神の子、イエス・キリストの福音のはじめ。」この「はじめ」は、ギリシア語の「アルケー」ということばです。これは単なる時間的な順序の上での「はじめ」ということにとどまらず、事柄の根源、始原、原点というような意味を持つ深いことばです。そのような意味を踏まえつつ、あらためてこの「はじめ」ということばに注目するとき、私たちはマルコが記す「神の子、イエス・キリストの福音のはじめ」を、単に全十六章の書き出しとしての「はじめ」ではなく、「神の子、イエス・キリストこそが福音のはじめ、根源」というメッセージとして受け取ることができるのではないでしょうか。神の御子イエス・キリストこそが私たちにとっての良い知らせであり、その良い知らせそのもの、根源である。これが、マルコの福音書が私たちに語りかける何よりのメッセージです。

最近では、一般の出版社からもキリスト教入門という本が数多く出されています。それぞれに工夫が凝らされ、読んでいて教えられることが多いものです、知的な関心から、教養としてのキリスト教を知りたい方が多くいることの表れでしょう。それとともに、やはり信仰の世界については、その世界の外側から見て、歴史や思想についてことばを尽くして説明しても、どうしても限界がある。そこでは「イエス・キリスト」という生ける神との人格的な出会いが起こらなければならないのです。

かつてドイツで学ばれた女性牧師・神学者の永井春子先生の書かれた、『青少年のためのキリスト教教理』（日本基督教会教育委員会、一九七三年）という本があります。今から五十年近く前に書かれた小さな書物です。「青少年のため」ですが、その割にはなかなか本格的な書物で、大変優れたものだと思っています。その冒頭に次のような問答があります。

問一　キリスト教とは何ですか。

答　キリスト教とはキリストです。

問二　キリストとは誰ですか。

答　神のひとり子で、私たちを罪から救うために人となられたイエスさまのことです。このイエス・キリスト以外にまことの救い主はどこにもありません。またこのイエス・キリスト以外に、まことの神さまを知る道はありません。

問三　そのキリストを知るには、どうすればよいですか。

答　教会に来て、礼拝しながら、聖書のみことばを聞くとき、御霊の働きによって、キリストを知ることができるのです。ただ知るだけでなく、キリストにお会いできるのです。

「キリスト教とはキリストです。」これでは答えになっていないではないか、と思う方もあるでしょう。入門の書物の書き出しとしてどうなのか、と思わないわけでもありません。しかし、潔いほどにストレートなこのことばは心に響きます。そこには、キリスト教とは思想、哲学、体系ではない、生けるキリストそのものだというメッセージがあるのです。

しかも第三問が大切です。キリストを知るにはどうすればよいか。「教会に来て、礼拝しながら、みことばを聞く」ことだというのです。これもまた潔いことばです。それでも最初は難しいかもしれない。礼拝に出かけていくこと自体がハードルが高いし、思い切って礼拝に集ってみても、牧師は何やら力を入れて語っているけれど、さっぱりわからない。それでも、ぜひ続けて礼拝に集ってみてください。礼拝に集い、聖書のことばに聞き続けていると、聖霊が働いてくださってキリストを知ることができるというのです。それだけでなく、キリストと出会うことができる。これは、ほんとうに確かなことであり、聖書が私たちに伝え続けている「喜びの知らせ」です。

イエス・キリストが私のために来てくださった。そして、私の罪を洗いきよめてくださり、神の子どもとしてくださった。何からも縛られず、罪の呵責（かしゃく）に悩むことも過去の傷に苦しむこともなく、神の子どもとしての自由の中に生きることができる。そして神の子どもとして神のみこころに生き、この世界を神の国として建て上げていく使命に生きる者とされていく。それが私たちにとっての「喜びの知らせ」となるのです。

2　良い知らせを伝える者

13「主の御名を呼び求める者はみな救われる」のです。

14しかし、信じたことのない方を、どのようにして呼び求めるのでしょうか。聞いたことのない方を、どのようにして信じるのでしょうか。宣べ伝える人がいなければ、どのようにして聞くのでしょうか。

15遣わされることがなければ、どのようにして宣べ伝えるのでしょうか。「なんと美しいことか、良い知らせを伝える人たちの足は」と書いてあるようにです。


（ローマ一〇・一三〜一五）

「良い知らせ」としての福音

毎年夏に、私たちの教会では教会学校の「わくわくキャンプ」を行っています。小学生たちが教会に寝泊まりし、一緒に賛美を歌い、ゲームをし、工作をし、ご飯を食べ、聖書の話を聞く。一泊二日の楽しい時間です。夜にはスタッフと子どもたちが一対一で語り合い、祈り合う時間を持つようにしています。普段の教会学校ではなかなかゆっくりした時間がとれない中で、一人一人の信仰を確認する貴重な時間です。

こういう経験は、やがて大きくなってからも記憶に残っていくものだろうと思います。そのときにどんな聖書の話を聞いたのかは忘れてしまっても、誰が一緒に祈ってくれたか、自分の話を一生懸命聞いてくれたかは記憶に残ります。一緒に祈ってくれた存在、自分に福音を語ってくれた存在。それは、子どもたちの記憶の中に積み重なっていくものだと思っています。

私自身、小学校低学年から、夏のバイブルキャンプに参加していました。小学校一、二年のとき、担当の先生がどんなふうに話してくれたかを、よく覚えています。キャンプ場の庭の片隅にある大きな岩の上に座って、イエスさまを信じるお祈りを導いてくれた先生（おそらく当時は神学生だったと思いますが）との個人的な触れ合いというものは、貴重な経験として自分の中に残っています。

主イエスの福音は、ある日突然天から降ってくるのでなく、主がお遣わしになった福音の担い手の人格を通して伝えられ、もたらされてくるものです。そもそも聖書の語る「福音」が、イエス・キリストとの人格的な出会いの経験です。「キリスト教とはキリストです」とのことばを前章で知りました。キリスト教信仰とは単なる宗教、思想ではなく、まさに生けるまことの救い主イエス・キリストというお方との出会いによって始まっていく。このイエス・キリストとの出会いをもたらす知らせを「福音」と言います。「福音」とは新約聖書のことばで「エウアンゲリオン」「良い知らせ」という意味です。これが動詞になると、「エウアンゲリゾー」「良い知らせを伝える」という意味になります。福音とは、伝えられてこその良い知らせだというのです。誰かのもとに届けられていく、もたらされていく。それでこそ「福音」であると聖書は語ります。

考えてみれば当たり前のことです。どれだけ素晴らしい出来事が起こっても、どれほど素晴らしいお方がいても、それが伝えられなければ、誰も知ることができない。すぐ近くにどんなに良い知らせがあっても、届けてくれる人がいなければ、まったくそれを知らずに望みなく生きる人がいるのです。「良い知らせ」は、そこにあるだけではなく、伝えられてこその福音なのです。

良い知らせは届いている

私たちの身の回りには、喜びの良い知らせよりも、むしろさまざまな不安、心配、恐れを駆り立てる情報があふれかえっています。世の中のさまざまな動き、戦争やテロの不安、地震や災害という広い世界のことばかりでなく、仕事、家族、人間関係、経済のこと、そして自分自身の内面にもさまざまな恐れを抱えながら、私たちは歩んでいます。しかし、そのような私たちのもとに、福音の良い知らせは届けられていると聖書のみことばは語ります。

ローマ人への手紙一〇章一三節に、「主の御名を呼び求める者はみな救われる」とパウロは記しました。その後の一五節では、旧約聖書のことばを引用し、「なんと美しいことか、良い知らせを伝える人たちの足は」と記します。これは前章でも紹介した旧約聖書イザヤ書五二章七節の引用ですが、そこには次のように記されています。

「良い知らせを伝える人の足は、山々の上にあって、なんと美しいことか。平和を告げ知らせ、幸いな良い知らせを伝え、救いを告げ知らせ、『あなたの神は王であられる』とシオンに言う人の足は。」

これは当時、戦いの最前線で勝利した際に、その知らせを王のもとに伝えに走る伝令の姿を歌ったものだといわれます。今のような通信手段がないため、人が知らせを携えて、走って知らせに行くという手段がとられていました。戦いの結果を待っている王のもとに、一刻も早く喜びの知らせを伝えたい。その一心でひた走る、喜びの知らせの使者の姿です。彼がその知らせを届けなければ、王もその他の民たちも勝利の喜びを知ることはありません。良い知らせが届けられてくる。その知らせを聞くことにより、民たちはともにその喜びにあずかることができるのです。

福音の良い知らせは、イエス・キリストの十字架と復活によって私たちにもたらされました。罪の縄目が解き放たれ、かつて罪の奴隷だった私たちが、今やまったく自由な神の子どもに変えられた。そして神の子どもとしてこの世界を変革し、神の民として、神の国の形成に参与していく特権が与えられた。それが、イエス・キリストの十字架と復活がなし遂げてくださった救いの御業です。そのことを私たちが信じ、受け入れることが「信仰」です。このイエス・キリストによる罪と死の力に対する完全な勝利の知らせである福音のことばは、今、私たちのもとにも確かに届けられているのです。

多くの宗教も「救い」ということを教えます。しかしその多くは、さまざまな難行修行を積んだり、善行を重ねたり、犠牲を払ったり、お布施を積んだりして、一生懸命自分で努力した末にようやく救いを獲得すると教えます。

聖書が語る福音は、むしろ外から私たちにもたらされてくるものです。こちらが求め、自らの内にあるものを一生懸命積み上げていくことで救いに至るのではなく、私の中には何もないにもかかわらず、外から福音の良い知らせがもたらされた。それを受け取るときに、私たちは、全く主権的で自由で無償の神の愛にあずかることができます。福音のことばを聞いたのなら、それを受け取るだけでよい。そこにこそ、私たちがこの救いにあずかっていくただ一つの道があるのです。

ヨハネの福音書の中には、「だれでも渇いているならわたしのもとに来て飲みなさい」とあります（七・三七）。差し出すものが何もなくても、誰でも求める者はただで飲みなさいと言ってくださいます。イエス・キリストが差し出してくださる「いのちの水」は、私たちが欲しいと願うなら、受け取ることができるものです。しかも対価なく、ただ「ありがとうございます」と受け取るだけです。

福音を届ける教会

「いのちの水」を差し出すイエス・キリストと、それを受け取る私たちの間には、いのちの水を持ち運び、届けてくれる存在がいます。主イエスはその役割を教会に託してくださいました。

「しかし、信じたことのない方を、どのようにして呼び求めるのでしょうか。聞いたことのない方を、どのようにして信じるのでしょうか。宣べ伝える人がいなければ、どのようにして聞くのでしょうか。遣わされることがなければ、どのようにして宣べ伝えるのでしょうか。」
（ローマ一〇・一四〜一五）

ここでパウロは、大変印象深い表現を使います。ここには、福音のことばが直接天からの声としてでなく、宣べ伝える人を通して語られ、聞かれていくという道筋が明らかにされています。

福音のことばはこの歴史の中で、福音の喜びを知った人々を通して語られ、伝えられていきました。その一人一人が福音のことばを聞いたとき、確かに「主の御名を呼び求める者はみな救われる」ことを経験するわけです。この罪深い私ですら、主の御名を呼び求めれば救われる。自分がふさわしい者だったわけでも、神の恵みにあずかるのに良きものを持っていたわけでもない。むしろ、その値（あたい）すらない者であるにもかかわらず、イエスさまの救いを受け取った。その確信と喜びが、また誰かに伝えていく道へと私たちを押し出していくのです。

　このローマ人への手紙を記したパウロ自身もまさにその一人でした。コリント人への手紙第一、一五章で、パウロは「福音」を非常に端的に語っています。その中で、「私があなたがたに最も大切なこととして伝えたのは、私も受けたことであって」と語ります（同三節）。

　パウロという人はキリスト教迫害の急先鋒でした。キリスト者がいると聞けば、どこまでも追いかけ、捕まえて、牢屋に入れることを生きがいとしていたような人物です。しかし、そうしてキリスト者たちを捕らえるために出かけて行ったダマスコ途上で、非常に不思議な方法で復活の主イエスと出会います。まばゆい光に包まれ、その光の中から「サウロ、サウロ、なぜわたしを迫害するのか」との主イエスの声を聞きます。この出来事がきっかけとなり、パウロは「迫害者」としての人生から、イエス・キリストを宣べ伝える「宣教者」へと、生き方が一八〇度転換したのでした。

そんなパウロも、この主イエスとの出会いの経験だけで信仰に導かれたのかというと、それだけではないのです。新約聖書「使徒の働き」の中に、このときの様子が記されています（使徒九章参照）。復活のイエスに出会い、目が見えなくなったパウロは、周囲の人に手を引かれてダマスコにいるアナニアという主イエスの弟子のところに連れて行かれます。そして、そのアナニアを通して、主イエスのことを一つ一つ教えられるという経験をしたわけです。

その後のパウロのいきさつはそれほど定かではないのですが、「ガラテヤ人への手紙」を読むと、パウロはその後アラビアにしばらく退いた後に、アンティオキアに誕生した最初の異邦人教会であるアンティオキア教会に呼び出されます。その当時、そこの教会の指導者だったのが、バルナバという人物でした。このバルナバが、アラビアに引っ込んでいたパウロを呼び出して、ともにアンティオキア教会で働き、パウロを導くのです。そして、アンティオキア教会のメンバーとなったパウロは、この教会から遣わされて、地中海世界、アジア、海を越えてヨーロッパにまで福音を伝える伝道者としての歩みを始めます。

つまり、パウロという人の生涯ひとつを考えても、そこに神からの召命があったことは確かですが、その歩みの中ではやはり「人」が関わっているのです。パウロにとって、アナニアとバルナバがいなければ、そしてアンティオキア教会での交わりがなければ、救いを受け取り、確信し、さらにはそれを宣べ伝えていく人生を送ることにはならなかったのです。

それと同じく私たちのもとにも、この良い知らせとしての福音のことばは主が用いられた多くの人々を通してもたらされています。ある人は家族、ある人は友人、ある人は同僚、ある人は思いがけない人を通して、ということであるかもしれない。けれども、それらの人々を主は用いて、私たちに喜びの知らせを届けてくださっています。それは大きな意味でいえば、主のからだである教会が、そのわざに参加しているということなのです。

喜びの知らせとしての福音のことばを、私たちは教会で聞く。主イエス・キリストを信じる人々の交わりの中で、ともに礼拝をささげながら聖書のみことばを通して聞く。それこそが、主なる神の福音のことばの語り方なのであり、教会、礼拝の場において、聖書のみことばを通して私たちは喜びの知らせとしての福音を聞くのです。

良い知らせを伝える者

一三節には、聖書の中でももっともストレートな伝道への招きがあります。「主の御名を呼び求める者はみな救われる。」けれどもその一方で、それをいまだに聞いたことのない人がいるのも事実です。

「しかし、信じたことのない方を、どのようにして呼び求めるのでしょうか。聞いたことのない方を、どのようにして信じるのでしょうか。宣べ伝える人がいなければ、どのようにして聞くのでしょうか。」（ローマ一〇・一四）

おそらくパウロはこのことばを書きながら、激しく心が揺さぶられたのではないかと思います。一方では、「主の御名を呼び求める者はみな救われる」という良い知らせがある。他方では、いまだそのような望みがあることを知らずに、福音について何も聞いたことがない人たちがいる。このふたつの現実の狭間で、パウロは激しく揺れ動きます。せっかく良い知らせがあり、それを待っている人がいるのに、その間を繋ぐ肝心な人、この福音を伝える人がいない。宣べ伝える者を求めて叫ぶパウロの叫びは、そのまま主なる神ご自身の叫びと言ってよいでしょう。私たちは、福音を待ち望んでいる人たちの存在に無関心でいることはできません。

二〇一一年三月一一日の東日本大震災から二か月ぐらい経ったときに、炊き出しの手伝いで宮城県石巻市に行きました。まだあちらこちらに津波の爪痕が生々しく残っており、道路脇には瓦礫や泥などがうず高く積み上がっている状況でした。そんな状態のときに、石巻市の小さな教会を会場にして炊き出しを行いました。私たちは二日間しか滞在できませんでしたが、その後も引き続き残って、その場所で支援活動を続けた方からこんなことを聞きました。最初の炊き出しから二、三日経った後、近隣の家々に「また炊き出しと物資配布を行います」と案内して回ったそうです。教会からほんの少し行ったところにある家を訪ねたところ、その家には高齢の男性が一人で住んでおられました。家の中も津波の後の泥だらけのまま、その人も着の身着のまま、ご飯もろくに食べていないという状態でした。話をする中で、家のすぐ近くで行われているさまざまな炊き出しの情報が、まったく入ってきていないことがわかりました。そのような人がいることがわかったので、次の日からはボランティアが入り、家の片づけ、泥出しを行い、行政とも繋げ、必要な支援や手続きを受けられるようになったということでした。

今回の聖書箇所を読みながら、この出来事を思い出していました。良い知らせは、すぐそこにある。にもかかわらず、それが届けられていない人がいる。決して遠いわけではなく、ただ伝わる方法がないまま抜け落ちてしまっている人がいるのです。この事実を知ったとき、「聞いたことのない方を、どのようにして信じるのでしょうか。宣べ伝える人がいなければ、どのようにして聞くのでしょうか」とのパウロのことばは、私たちにチャレンジを与えてきます。

イエス・キリストをお伝えすることには、確かに多くの困難が伴います。良い知らせだといって伝えたら、みんなが喜んで耳を傾けてくれるのかというと、決してそう簡単なことではありません。自分の語ることばにも自信はないし、それを伝えるだけの勇気もない。身近な家族や同僚、友人や大切な人たちに、主イエスの福音を証ししたいと願うけれども、それが難しい理由を挙げればきりがないほどです。

しかし聖書は、私たちの「できるか・できないか」という葛藤を超えて、ダイレクトに語りかけてくるのです。

「しかし、信じたことのない方を、どのようにして呼び求めるのでしょうか。聞いたことのない方を、どのようにして信じるのでしょうか。宣べ伝える人がいなければ、どのようにして聞くのでしょうか。」

（ローマ一〇・一四）

そして、この箇所を読むときに、いつも心にとめておきたいことばは一五節の最後のことばです。

「『なんと美しいことか、良い知らせを伝える人たちの足は』と書いてあるようにです。」

（同一五節）

「良い知らせを伝える人」の「足」に目が注がれているという事実。前線から勝利の知らせを携えて走る伝令は、良い知らせを伝えるために荒野を走り抜け、山々を越えてどこまでも進んでいかなければなりません。伝令の足下は泥にまみれ、埃にまみれ、すり切れ、傷ついていたことでしょう。汗と埃にまみれ、時には血が混じるような足。「美しい」とは、とても言えない足だったと想像します。でも彼が担う、その知らせのゆえにそれを伝える彼の足もまた「美しい」と聖書は言うのです。

この主なる神の眼差しに、言いようのない慰めと励ましを受けます。今、主なる神は、私たちの何に目を注いでおられるのでしょうか。巧みなことばを語る口でしょうか。器用に人々を導く手でしょうか。新しいアイデアを次々と考え出す頭でしょうか。もし、そういうところに神さまの眼差しが注がれているのなら、とても自分はふさわしくない存在だと思うでしょう。しかし、昔も今も、主なる神の眼差しは、「良い知らせを伝える人たち」の足に注がれているのではないでしょうか。

「伝道」ということばは、おもしろいことばだと思います。「道を伝える」。〝キリスト教〟というよりも、〝キリスト道〟つまり、キリストにある「生き方」と考えたほうがいいのではないか、と言う先生もおられます。「道を伝える」——やはりそこにはその道を歩く足が必要ですし、その道を伝える足が必要です。回り道をする足、無駄足を踏む足、何度行っても門前払いを食らうような足、ほとほと疲れ果てて引きずるように帰ってくる足。それが、福音を伝える上での現実かもしれません。

それでもなお、一人の人を主の良い知らせのもとに導くためにまた新しく出かけていく足。そういう足を見て、主は「なんと美しいことか」と言ってくださる。私たちがもっとも忍耐し、労苦したところに、主は目を留めていてくださる。「主のために」と遣わされる私たちの足をちゃんと見ていてくださる主の眼差しに励まされながら、良い知らせを携えて遣わされてまいりましょう。

3　福音に仕え、教会に仕える

ただし、あなたがたは信仰に土台を据え、堅く立ち、聞いている福音の望みから外れることなく、信仰にとどまらなければなりません。この福音は、天の下のすべての造られたものに宣べ伝えられており、私パウロはそれに仕える者となりました。

（コロサイ一・二三）

福音との出会いの場としての教会

最近、キリスト教信仰についてわかりやすく書いてある、いわゆる「キリスト教入門」の書籍がたくさん出されています。そのような本の最初には、「人間の生きる目的とは何だろうか」、あるいは「聖書とはどういうものか」ということが書いてあるものが多いのです。私の教会の「聖書を学ぶ会」でも、最初に同じようなことから学んでいます。

聖書に記された神のことばを私たちはどこで聞くのか、どこでそれが語られるのか。そこで私たちは、福音との出会いの場としての「教会」という存在の大切さを考えてみたいと思います。

繰り返しになりますが、最初に永井春子先生の『青少年のためのキリスト教教理』の第三問をご紹介しておきます。

問　そのキリストを知るには、どうすればよいですか。

答　教会に来て、礼拝しながら、聖書のみことばを聞くとき、御霊の働きによって、キリストを知ることができるのです。ただ知るだけでなく、キリストにお会いできるのです。

キリストを知るには、まずとにかく教会に来て礼拝に参加し、そこで語られる神のみことばに聞いてみる。そのときに、聖霊が働いてキリストのことを私たちに教えてくださる。そして、生けるまことの救い主イエス・キリストとの出会いが始まるのです。

あるとき、この問答をご紹介したところ、「私は教会に行かずに、自分ひとりで聖書を読んで信仰を持った」と言われた方がありました。確かに、そういうことはあるでしょう。私の知っている方でも、学生時代に聖書を一人で読み進め、あるときにイエス・キリストを信じるようになったという方がいます。クリスチャンになったのだから教会に行かなくては、と自分で教会を探して行くようになったそうです。

ヨハネの福音書三章に「風は思いのままに吹きます」(八節)とあります。これは、聖霊の神さまの働きのことを「風」(原語では「息吹」)と言っています。神さまの「息」である聖霊は自由に吹き、どこからどこまで吹くのか、それは人間である私たちには知り得ないし、コントロールすることなどできません。その自由な神さまのお働きの中で、どこからでも人は救いに導かれるし、どのような道を通ったとしてもイエスさまと出会うことができるのです。それは確かなことです。何か決まりきった手段・法則だけで、例外は一切ないということではありません。一人一人にふさわしい時と場所と方法で、福音との出会いが起こることは大いに尊重されるべきです。

しかし、それでもやはり「教会」の大切さは、強調してもしすぎるものではないでしょう。多くの場合は教会に集い、礼拝に参加し、そこで福音に触れることでしょう。それが主たる道筋であることもまた、私たちは大切にしていきたいと思うのです。

明治以降の日本の歴史を紐解いてみると、かなりの教養人、知識人と呼ばれる人が若い頃に聖書に親しみ、聖書の神に心惹かれ、聖書をよく読み込んでその思想を咀嚼（そしゃく）していたことがわかります。そして、これらの人々が、近代化に向かう当時の日本社会の中で大きな影響を与えたことも知られています。

しかし、彼らがみなキリスト者になり、教会に連なったかというと必ずしもそうではありません。もちろん、中には洗礼を受けて教会を通して大きな働きをなした人々もいましたが、教会という交わりに加わることなく、個人的に聖書を読み、自分の精神的な支えにする人も少なくありませんでした。あるいは既成の教会とは違った形で、聖書を学び、信仰を励まし合う交わりを作っていった人たちもいるわけです。その代表的なものが内村鑑三に始まる無教会運動です。

関西学院大学の社会学者、赤江達也さんの『「紙上の教会」と日本近代――無教会キリスト教の歴史社会学』（岩波書店、二〇一三年）を読んで、大変教えられるところがありました。内村が健筆を振るい、発行していた『聖書之研究』という雑誌があるのですが、この雑誌の購読者たちの間でやがてさまざまな交流が持たれるようになっていきました。読者からの投稿が盛んになされ、そこから紙上討論や読者の会などがもたれ、雑誌という場が一つのソーシャルメディアを作っていたというのです。こうして『聖書之研究』という雑誌が無教会にとっての「教会」のような役割を果たした、つまりそれが「紙上の教会」だと赤江氏は指摘するのです。

このように、福音と出会い、信仰を育んでいった場はさまざまにあるのですが、しかし日本の教会の歴史を振り返るときに、そこで中心的な位置を担ったのはやはり教会でした。

現在、日本キリスト教会に属する横浜海岸教会は、日本で最初に建てられたプロテスタントの教会です。それ以後、日本各地に教会がつくられていきます。最初は宣教師たちによって、やがて日本人伝道者たちによって、彼らの熱心な伝道によって信仰者が生み出され、教会が建てられ、その教会に人々が集い、福音に触れ、キリストの救いにあずかっていきました。そして、今も教会は福音との出会いの大事な場であることは間違いありません。

新島襄から信仰上の導きを受け、〝上州（群馬）の聖人〟と呼ばれた柏木義円という人物がいます。群馬にある安中教会の牧師として長年働いた人です。この柏木義円も、内村鑑三と同様、近代日本の歴史の中でジャーナリストの働きをしました。『上毛教界月報』という新聞を発行し、上州安中の地から日露戦争、日清戦争、第一次世界大戦、関東大震災など、当時のさまざまな出来事を見つめ、時代に対する非常に鋭い批評を新聞を通して世に問うた人でした。官憲から目をつけられ、新聞はたびたび発禁処分を受けますが、それにもめげず、時代に対して間違っていることは間違っている、正しいことは正しいと、良心の声を発し続けました。

このように、柏木は近代日本における言論人の一人として独特の存在感を示していますが、それとともに覚えておきたいことは、彼が安中教会の牧師としての生を全うしたことです。彼は何にもまさって一人の伝道者でした。自分の一番やるべきことは伝道であるとし、雨が降ろうが、雪が降ろうが、毎日、安中の家々を訪ね歩き、人々を教会に連れて来るということをしていました。その中で信仰を持つ人も多くいました。群馬県は世界遺産にもなった富岡製糸場もあり、養蚕業が盛んだった地域です。そのために雇われて、過酷な環境で働く若い女性たちも多く信仰に導かれ、その経営者たちも救われることが起こったそうです。

教会が福音の出会いの機会としてずっと用いられてきたことは、今も変わらない事実であることを私たちは心にとめたいと思います。

福音に仕える使徒

パウロはコロサイ教会の人たちに、「信仰に土台を据え、堅く立ち、聞いている福音の望みから外れることなく、信仰にとどまらなければなりません」(コロサイ一・二三)と勧めます。つまり教会が主イエスから教えられ、受け継いできた福音の教えにちゃんと立つように、と勧めているのです。

では、なぜパウロはこのようなことをコロサイの信徒たちに書き送ったのでしょうか。この手紙の宛て先であるコロサイの町は、小アジア半島南西部リュコス川上流のフリュギア地方に位置し、かつては商業都市として栄えた後に衰退していった小都市で、離散(ディアスポラ)のユダヤ人が多く住んでいたと言われます。「コロサイ人」というのは、コロサイの町に建てられた教会の人々へという意味です。

この手紙とパウロが書き送ったほかの手紙との違いは、たとえばエペソやピリピの教会はパウロ自身が伝道し、人々を救いに導いて生まれた教会ですが、コロサイの教会はパウロが伝道した教会ではなく、人々とは直接の面識もなかったという点です。当時、この教会を導いていたエパフラスからパウロのもとに、このコロサイの教会の中に起こっている問題についての助言を求める手紙が届いたようです。その問題とは、二章八節や二〇節で「あの空しいだましごとの哲学」「この世のもろもろの霊」と呼ばれている異端的な教えが持ち込まれ、それによって教会が混乱しているというものでした。コロサイ教会を混乱に陥れた教えがどういうものかは、はっきりとはわかりませんが、大きくふたつの特徴があったようです。

その特徴の一つめは、からだや物やお金など目に見える地上のものは悪、魂や心など、目に見えない霊的なものは善とする二元論的な〝グノーシス主義〟という考え方です。グノーシス主義とは、当時の地中海地方に広まっていた哲学、今日ではグノーシス宗教と呼ばれるようなものです。目に見えるものを嫌う傾向があるため、この目に見える世界を造った神、肉体をとってこの地上に来られたイエス・キリストは受け入れられないとされていました。

もうひとつの特徴は、これを食べてはいけない、あれをしてはいけないという非常に厭世的で禁欲的な生活を強いる律法主義的な考え方です。このふたつの影響が、コロサイの教会の中に侵入して信徒たちを惑わしていました。本来ならキリストの救いにあずかり、自由になったはずのキリスト者の中に、さまざまな掟や戒律が入り込んできて、人々を縛りつけ始めていたのです。

これに対してパウロが、それらの誤った思想を退け、福音の真理を明らかにするために書いたのが「コロサイ人への手紙」です。この手紙の一章でパウロが特に強調しているのが、イエス・キリストとはどういうお方なのかということです。「キリスト教とはイエス・キリストですから、イエス・キリストがどういうお方かがわからなければ、キリスト教はよくわかりません。

「御子は、見えない神のかたちであり、すべての造られたものより先に生まれた方です。」

（コロサイ一・一五）

「御子は万物に先立って存在し、万物は御子にあって成り立っています。」

（同一七節）

パウロは、御子イエス・キリストが天地創造の前からおられた、まことの神であることを語っています。目に見えるものは悪であり、肉体をとって人となった神など程度の低い神だとする異端の教えに対して、イエス・キリストとは創造の初めから存在したまことの神である、とパウロは語るのです。

そして、二〇節において「その十字架の血によって平和をもたらし、御子によって、御子のために万物を和解させること、すなわち、地にあるものも天にあるものも、御子によって和解させることを良しとしてくださった」と語ります。御子イエス・キリストが人となってこの地上に来てくださり、私たち人間の身代わりになり、十字架で死んでくださった、その十字架によって「万物を和解させ」てくださった。単なる心の安らぎが与えられただけでなく、天地万物の和解をもたらすという非常に大きなスケールの救いを成し遂げられたのだと、ここで語っているのです。それが福音の中心なのです。

そのことを受けて語られたのが冒頭の二三節です。パウロは、永遠の神の御子イエス・キリストによる救いという福音のメッセージが、他の誤った教えによって壊されてしまうことのないように、「信仰に土台を据え、堅く立ち、聞いている福音の望みから外れることなく、信仰にとどまらなければなりません」と勧めます。この福音は、パウロのオリジナルでも思いつきで語っているものでもなく、神がはるか昔からお立てになったご計画の成就であり、教会が信じ、受け継ぎ、教え、パウロ自身も教えられてきた、その福音です。そこに「とどまらなければなりません」と教えているのです。しかも「この福音は、天の下のすべての造られたものに宣べ伝えられており、私パウロはそれに仕える者となりました」と語るのです。

パウロの書き方を見ていく中で興味深いのは、天地万物を超えていくような壮大なスケールでなされた出来事を、「それは私のためだった」「私にゆだねられた」と自分自身にぐっと引き寄せるような書き方をしているところです。パウロにとって、「天の下のすべての造られたもの」に伝えられた福音は、この自分にゆだねられ、自分はその福音に仕える者となったと、ここで告白しているのです。

「福音に仕える」とは、どういうことでしょうか。それは、キリストの福音を宣べ伝えることです。前章で私たちは、福音とはそこに事実としてあるだけでは意味がなく、伝えられてこその「良い知らせ」であることを学びました。パウロは、自分が今このように生かされているのは福音を伝えるためであり、そのために自分は召されているのだと言っているのです。これまでも繰り返し教えられてきたように、福音とは宣べ伝えられてこそのものであり、しかもそれは人を通して伝えられていくものゆえに、「福音に仕える」とはまさしく福音を宣べ伝える人の存在と、その働きそのものを示すものなのです。

福音に仕える教会

パウロにとって「福音に仕える」とは、福音の宣教をゆだねられた「教会に仕える」

ことと同じことでした。続く二四節以下にはこう記されています。

「今、私は、あなたがたのために受ける苦しみを喜びとしています。私は、キリストのからだ、すなわち教会のために、自分の身をもって、キリストの苦しみの欠けたところを満たしているのです。私は神から委ねられた務めにしたがって、教会に仕える者となりました。あなたがたに神のことばを、すなわち、世々の昔から多くの世代にわたって隠されてきて、今は神の聖徒たちに明らかにされた奥義を、余すところなく伝えるためです。」

（コロサイ一・二四～二六）

二三節では「私パウロはそれ（福音）に仕える者となりました」と言い、二五節では「教会に仕える者となりました」と言っています。それは、決して二つのものにではなく、一つのものに仕えているのです。その証拠に、続く箇所で「神のことばを……余すところなく伝えるためです」と言います。福音を伝えるために自分は召され、教会に仕えるとはその福音を証しすることである、と。福音に仕えることを、パウロは決して抽象的に考えてはいませんでしたし、個人的な働きとも考えていませんでした。彼にとって福音に仕えるとは、福音を宣べ伝えるために建てられた教会に仕えることであり、教会に仕えるとは、キリストの苦難をもこの身に引き受けながら生きることにほかならないのでした。

それは、とても現実的なことでした。福音に仕えるとは具体的には教会に仕えることであり、教会に仕えるとはパウロにとっては、手紙でのやり取りでありながらも自分が愛し、仕え、目に見える地上の教会として建てられたコロサイの教会に仕えることでした。このことを見なければ、信仰の世界はどんどん抽象の世界に入っていってしまいます。「教会のために、自分の身をもって、キリストの苦しみの欠けたところを満たしている」とパウロは言いました（二四節）。それはまさに現実なのです。

パウロにとって福音に仕えるとは、そのことのゆえに捕らえられたり、獄に繋がれたり、街中を引き回されたり、人々から嘲（あざけ）られたりと、実際に遭った数々の困難そのものでした。しかし、その苦難をこの身に引き受けることによって、パウロは教会と福音に仕えることを現実のものとして受けとめていたのでした。

さらに、福音に仕え、教会に仕えるとは個人のわざではなく、教会のわざであることを自覚していました。パウロはどこにあってもキリストの教会の一員として、個人プレーではなく諸教会の祈りと支えの中で福音のために生きた人でした。私たちは福音を聞くのも伝えるのも、そこに教会が決定的な意味を持つものであることを、十分心に覚えておきたいと思います。主は教会に福音をゆだねられ、教会を通して福音が宣べ伝えられることをよしとされ、そのために人々を教会に招き、福音のことばを聞かせ、そして救いの中へと招き入れてくださいます。そのために、私たちをさまざまな方法でお用いになるのです。主は私たち一人一人に福音の証しを託して、それぞれの場へと派遣してくださいます。

教会への招き、それは福音への招きです。実際に、さまざまな仕方で教会に導かれて来たことでしょう。一、二度おいでになって、それきりになっている方々がおられることもまた事実です。そのような方々に対し、私たちも働きかけ続けなければならないと思います。それと同時に、この礼拝の場で私たちがみことばを聞き続ける。そして、そこに招かれた方々とともにみことばを聞く中で、聖霊が働いてくださって、イエスさまとの出会いが起こってくることを信じて、祈り続ける者でありたいと願うのです。

生まれて初めて教会に行って、続けて教会に通ってみたいと思い、ずっと礼拝に集いながら、やがて救いに導かれていったという方もおられます。最初は誘ってくれた人への義理で教会に来ていて、体はそこにあるけれども心はまったく閉じていた、とにかく礼拝の時間をやり過ごすだけだったという方が、あるとき、礼拝で語られたみことばに心が捕らえられて、これは自分に語られているのだと気づかされ、そこから真剣な求道が始まったということもありました。

礼拝で神のみことばが語られ、聞かれるところに神の御業がなされるのです。礼拝に来るだけでいい、その場にいるだけで十分ということはありますが、もう一歩踏み込んでいえば、せっかくいるのだからみことばに期待して聞いてもらいたいと思うのです。今日、神は何かを自分に語ってくれるのではないか、大事なことを教えてくれるのではないか。かすかな期待でもかまわないのです。せっかく教会に来て、その場にいるのであれば、何かしら神は自分に語ってくださることがあるはずだというある期待の中で、半歩でもいいから自分の心を開いて神の前に進み出していくときに、あるみことばが心に届いてくることが起こるのです。

そのようなことのために、教会は主にあって建てられ、福音への招きがなされていく。私たちもまた、福音に仕え、福音を届ける教会として建てられている。そのために生かされているのです。その目的、存在の意味を繰り返し、覚えておく必要があると思うのです。

私たちが、ここで教会として建てられている目的は何か。それは、自分たちが何かを成し遂げ、得て、作り上げ、大きくなっていくことではありません。それによって神さまの御国が広げられ、神さまの福音が多くの人々にもたらされること。この福音に仕え、教会に仕え、この福音を一人でも多くの方々に届けるために教会は建てられている。このことをいつも心に覚えながら、教会で福音のことばを聞き、生けるまことの救い主イエス・キリストとの出会いが起こされる。そのような恵みの場として、私たちも人々に伝え続け、またここから遣わされ、キリストにある恵みを担って出かけていきましょう。

4　主イエスを証しする聖書

30わたしは、自分からは何も行うことができません。ただ聞いたとおりにさばきます。そして、わたしのさばきは正しいのです。わたしは自分の意志ではなく、わたしを遣わされた方のみこころを求めるからです。

31もしわたし自身について証しをするのがわたしだけなら、わたしの証言は真実ではありません。

32わたしについては、ほかにも証しをする方がおられます。そして、その方がわたしについて証しする証言が真実であることを、わたしは知っています。

33あなたがたはヨハネのところに人を遣わしました。そして彼は真理について証ししました。

34わたしは人からの証しを受けませんが、あなたがたが救われるために、これらのことを言うのです。

35ヨハネは燃えて輝くともしびであり、あなたがたはしばらくの間、その光の中で大いに喜ぼうとしました。

36しかし、わたしにはヨハネの証しよりもすぐれた証しがあります。わたしが成し遂げるようにと父が与えてくださったわざが、すなわち、わたしが行っているわざそのものが、わたしについて、父がわたしを遣わされたことを証ししているのです。

37また、わたしを遣わされた父ご自身が、わたしについて証しをしてくださいました。あなたがたは、まだ一度もその御声を聞いたことも、御姿を見たこともありません。

38また、そのみことばを自分たちのうちにとどめてもいません。父が遣わされた者を信じないからです。

39あなたがたは、聖書の中に永遠のいのちがあると思って、聖書を調べています。その聖書は、わたしについて証ししているものです。


（ヨハネ五・三〇〜三九）

神のことば、聖書

ウィクリフ聖書翻訳協会の翻訳宣教師として、長年にわたりパプアニューギニアに遣わされ、マイワ語の聖書翻訳の働きに従事された中村孝・矢枝子先生ご夫妻がおられます。先生たちはビニグニ村という所に住み、その土地の人たちと生活をしながら彼らのことばを学ばれました。言語学の知見を総動員して、その地域に住む方々のことばを収集し、文法を理解し、聖書のことばと彼らが使うことばを一つ一つ突き合わせながら聖書翻訳を行うという、気が遠くなるような作業を続けられ、ついに完成した新約聖書のビニグニ村での奉献式の様子をビデオで見る機会がありました。

日本から行くには、飛行機、セスナ機、最後はヘリコプターを乗り継いでいくようなジャングルの奥地の小さな村で、村の皆さんが色とりどりの正装をし、村を挙げての盛大な式典の様子が映っていました。そのクライマックスが、お神輿のような台の上に聖書が積み上げられ、それを村の男性が担いでやってくる場面でした。中村先生ご夫妻も村の人々も満面の笑みをたたえている光景は、とても感動的でした。

日本の生活からすれば、ジャングル奥地での生活は不自由さの極みのようなものだったことと思います。村の人たちとともに生活をしながら、長年にわたり、気の遠くなるほどの地道な作業を続けて聖書が完成した。先生方のお働きへの感動はもちろんですが、それ以上に、自分たちのことばで聖書が読めることをこれほどまでに喜んでいる村の方々の姿を見て、聖書を自分たちのことばで読むことができるのは、どれほど大きな喜びであり、恵みであるのかをあらためて思わされました。

教会は聖書を大切にします。とりわけ、私たちプロテスタント教会では「聖書のみ」が大切な合言葉です。大切にするといっても、床の間に聖書を飾って、その前にお供えをするようなことではありません。聖書を通して、神さまが私たちに何を願っておられるのか、何を与えようとしておられるのかを聞くということです。ですから、礼拝でも聖書のみことばの説き明かしが中心になります。また、さまざまな集会でも聖書が開かれ、日々の生活の中でもみことばを読み、聖書に親しみ、それを分かち合う。そのような生活を、私たちは大切にするわけです。

聖書を大切にするとは、豪華な装飾が施された聖書をショーケースに入れて恭(うやうや)しく扱うことではありません。聖書のことばを聞くということであり、聖書を自ら読むということです。聖書を大切にするとは、持っている聖書を買ったときの状態のまま綺麗に保つことではなく、むしろ聖書がひたすらに読まれていくことなのです。長年読んでいれば頁が破れてきたり、頁の端が折れてきたり、やがてはボロボロにもなってくるでしょう。しかし、それがある意味で聖書を大切にすることでもあるのです。

私が高校生のとき、長年一緒に暮らしていた祖母が亡くなりました。祖母はよく聖書を読む人でした。家族で遺品を片付けていたときに、祖母が使っていた大型の聖書を手にする機会がありました。字が小さいと読めないということで、大きくて重い聖書を毎日読み、日曜日になると教会に持って行っていました。この祖母の残していった聖書を開いてみると、どの頁にも赤鉛筆で線がたくさん引いてあり、欄外には心にとまったことが日付とともに小さな字で記してありました。「ああ、祖母はほんとうによく聖書を読んだのだな」と、あらためて思わされた貴重な思い出です。

教会では機会あるごとに聖書が開かれます。礼拝でも聖書に記された神のことばが説き明かされます。またそれを聞いて心にとめ、人と分かち合い、また毎日のように聖書を読んで養われていきます。なぜ教会はそれほどまでに聖書を大切にするのか。それは、私たちに与えられた神のことばだからです。神さまが私たちをどれほど愛してくださっているのか、私たちをどのようにして祝福の中に生かそうとしておられるのか。救いのために必要なすべてのことが、この聖書の中に記されているからです。ですから、聖書は私たちにとってなくてならない、いのちのことばなのです。

旧約聖書の詩篇一一九篇は、聖書の中で一番長い箇所であり、ヘブル語のアルファベット二十二文字を使って二十二に区分された、いわば「いろはうた」のようになっています。全編にわたって神のことば、教え、さだめによって生きることが、私たち人間にとって幸いであることを教えています。

有名な箇所として、一一九篇一〇五節の「あなたのみことばは 私の足のともしび／私の道の光です」があります。また、同じく一一九篇の中に、「これこそ悩みのときの私の慰め。／まことに あなたのみことばは私を生かします」(五〇節)と歌われています。

「みことばは私を生かす。」自分の人生のある局面で、ちょっとしたヒントを与えてくれる、支えてくれる、癒やしてくれる、そのように聖書をつまみ食いするのではなく、みことばによって私たちの人生が導かれていく。自分の人生ありきで、合うものを聖書の中から引っ張ってくるのではなく、聖書のみことばによって生かされていく、ということなのです。

私たち人間はことばによって生きる存在です。ことばを語りかけられて成長し、ことばを獲得して自分の思いを表現し、ことばを用いて他者と繋がっていく。そして、その一番に繋がるべき相手が、私たちを愛し、私たちに向かって語りかけていてくださる神ご自身なのです。

この神の愛の語りかけこそが、人となられた神のことば、イエス・キリストです。教会の子どもたちにも「聖書は私たちに対する神さまのラブレター」と話したことがあります。神さまが、どれほど私たちを愛しているのかが、聖書には記されています。金太郎飴のように聖書のどこを切っても、神さまの私たちに対する愛があふれています。

ヨハネの福音書一章はこう語ります。

「初めにことばがあった。ことばは神とともにあった。ことばは神であった。……ことばは人となって、私たちの間に住まわれた。」（一、一四節）

神が私たちをどれだけ愛されているのか。その愛の語りかけが、姿かたちをとって現れてくださったのが、イエス・キリストだと言う。その愛の語りかけを聞き続け、いのちのことばに養われ続けることによって、私たちは真の意味で、本来の人間らしさを回復することができ、神の子どもとして生かされることができるのです。

主イエスを証しする聖書

ヨハネの福音書五章には、エルサレム神殿のベテスダの池というところで、ひとりの人が主イエスによって癒やされた出来事が記されています。そこで主イエスは、ご自分が神の御子であり、人々が待ち望んでいた救い主であると語られる。ところが、それを聞いたユダヤ人たちから激しい反発が起こります。ナザレの大工のせがれにすぎないイエスが、自分を神の子だと言うのは神に対する冒瀆だ、図々しいにもほどがある、と人々は憤ったのでした。

その人々の反発に対して、イエス・キリストがご自分を父なる神から遣わされたまことの神であると繰り返して語られ、それがどれほど確かであるかを証言するのが、この五章の場面です。

「もしわたし自身について証しをするのがわたしだけなら、わたしの証言は真実ではありません。わたしについては、ほかにも証しをする方がおられます。そして、その方がわたしについて証しする証言が真実であることを、わたしは知っています。」

（三一〜三二節）

ここで、主イエスはあたかも裁判の法廷にいるかのようにして、自らの証言の確かさについて語っておられます。ご自身が神の子であることの証言があるのだ、と主イエスは言うのです。法廷では自分で自分のことを証言するだけでは十分ではありません。自分以外の誰かの証言が必要となります。

主イエスの場合はどうでしょう。本来なら、イエスさまが神の御子、救い主であるかどうかについては他の誰かの証言は必要ないはずです。それでもここで主イエスは、あえてユダヤ人たちのために、自らが神の子、救い主であることの証言が存在すると言う。そこで四つの証言を示すのです。

第一の証言は、バプテスマのヨハネによるものです。

「あなたがたはヨハネのところに人を遣わしました。そして彼は真理について証ししました。わたしは人からの証しを受けませんが、あなたがたが救われるために、これらのことを言うのです。ヨハネは燃えて輝くともしびであり、あなたがたはしばらくの間、その光の中で大いに喜ぼうとしました。」

（三三〜三五節）

すでに学んだように、ヨハネはイエスさまの先駆けとしてこの地上にやって来て、「その方は私の後に来られる方で、私にはその方の履き物のひもを解く値打ちもありません」（ヨハネ一・二七）と語り、まさにイエス・キリストこそ待ち望んでいた救い主であると明らかにした存在です。ですから、主イエスはヨハネこそ旧約最後の預言者であると言われました。しかし、そのヨハネの証言も、ユダヤ人たちは受け入れることがありませんでした。

第二の証言は、主イエスご自身のなさったわざです。

「しかし、わたしにはヨハネの証しよりもすぐれた証しがあります。わたしが成し遂げるようにと父が与えてくださったわざが、すなわち、わたしが行っているわざそのものが、わたしについて、父がわたしを遣わされたことを証ししているのです。」（三六節）

主イエスの「わざ」とは、何を指しているのでしょうか。それは、狭く取れば主イエスがなさった奇跡やいやしの御業、ヨハネの福音書二章のカナの婚礼での出来事に始まり、五章のベテスダの池のほとりでの病人を癒やされた出来事を指しています。もっと広い意味に取れば、主イエスの御業の全体と言ってもよいでしょう。イエス・キリストの為された御業のすべてが、主イエスが神の子であられることの証言だというのです。しかし、それもユダヤ人たちは受け入れることはありませんでした。彼らは主イエスを奇跡や癒やしを行う霊能者と見ていたかもしれませんが、それをもって「神の子」と受け入れることはできなかったのでした。

第三の証言は、父なる神の証言です。

「また、わたしを遣わされた父ご自身が、わたしについて証しをしてくださいました。あなたがたは、まだ一度もその御声を聞いたことも、御姿を見たこともありません。また、そのみことばを自分たちのうちにとどめてもいません。父が遣わされた者を信じないからです。」（三七～三八節）

これはもう、これ以上ない確かな証言と思いますが、しかし、それもユダヤ人たちが受け入れることはありませんでした。なぜなら「あなたがたは、まだ一度もその御声を聞いたことも、御姿を見たこともありません」とあるように、誰も父なる神を見た者はなく、その声を聞いていないからです、と主イエスが言うとおりです。バプテスマのヨハネの証言でも、主イエスが神の子であることを認められない。主イエスが行った御業でも認められない。父なる神ご自身が語ってくださったことによっても認められない。
それで出てくるのが、最後の第四の証言、すなわち「みことば」による証言です。

「あなたがたは、聖書の中に永遠のいのちがあると思って、聖書を調べています。その聖書は、わたしについて証ししているものです。」（三九節）

洗礼者ヨハネの証し、イエスさまの御業による証し、父なる神ご自身の証し、そして何よりも聖書がご自分について証言していると主イエスは言われます。ここでいう聖書とは、旧約聖書を指しています。この当時、まだ新約聖書はありません。ユダヤ人からすれば、朝に夕に口ずさみ、それを暗記するように聞き、先祖代々ずっと親しんできた「神のことば」です。その聖書を指して、主イエスは「わたしについて証言している」と言われる。つまり、ここで大変大胆なことを言っているのです。この場面で主イエスが対峙しているのは、旧約聖書の専門家のような人たちだからです。そのようにずっと聖書を読み続け、調べ続けている人々に対して、その聖書が証言しているのはわたしだと言われるのです。

聖書がわかるということ

続く四〇節では、こう記されています。

「それなのに、あなたがたは、いのちを得るためにわたしのもとに来ようとはしません。」

聖書が与えられ、ずっと読んでいるのに、どうして彼らはイエスが神の子だという証言を受け入れようとしないのか。しかもここで注意したいのは、ユダヤ人たちが主イエスは神の子であるとの証言を受け入れないことが、「いのちを得るためにわたしのもとに来ようとしない」と言われていることです。つまり、聖書に記された御子イエス・キリストについての証言を受け入れることが、まことのいのちを得ることと一つのこととして語られているのです。

先の三九節の「調べています」とは、ただ表面的に読み、簡単に意味を調べて理解するという意味ではなく、そのことばが意味するところ、表していることを非常に深く調べるということです。確かにユダヤ人たちは長年旧約聖書に親しみ、特に律法学者たちは聖書の意味を深く探求し、それを幅広く日常の生活に当てはめ、その隅々まで知識を蓄えていました。けれども、はたしてそれで聖書がわかったことになっているのか、とイエスさまはここで問うわけです。

これはとても大事なことです。私たちにとって、〝聖書がわかる〟とはどういうことなのか。聖書の歴史的背景や文化がわかることなのか、もしくは聖書に出てくる一つ一つのことばの意味に精通することなのか。聖書に出てくる人々の生き方や教え、そこに表された思想、教訓を蓄えることなのか。理想の人間の生き方や宗教的な教えがわかることなのか。

もちろん、それらも大事なことであり、また有益なことです。しかし、それが〝聖書がわかる〟ということなのかというと、やはり一番大事なことがさらに深いところにあるわけです。その一番大事なことがわかるために周辺的なことを学ぶのも大切でしょう。しかし、周辺的なことはよく学んだけれども、一番大事なところを見落としているのであれば、それは聖書がわかったことにはなりません。

では、聖書がわかるとはどういうことか。それは、聖書が証言するイエス・キリストがわかる、ということです。そしてイエス・キリストがわかるとは、イエス・キリストの人となりや見かけ、イエス・キリストに関する情報を収集し、蓄積することでなく、イエス・キリストとの人格的な出会いを果たし、そこでイエス・キリストが生けるまことの神、私たちの救い主であることを知ること。それが〝聖書がわかる〟ということなのです。

私たちの教会も所属している日本同盟基督教団の信仰告白があります。その信仰告白の第一項は、聖書についての告白です

「旧、新約聖書六十六巻は、すべて神の霊感によって記された誤りのない神のことばであって、神の救いのご計画の全体を啓示し、救い主イエス・キリストを顕し、救いの道を教える信仰と生活の唯一絶対の規範である。」

これは二〇一三年三月の教団総会で改訂されたものですが、以前のものと何が変わったのかというと、「神の救いのご計画の全体を啓示し」という一句を加えたところです。つまり、旧新約聖書全体の中に神の救いのご計画全体があらわされていることを表しました。イエス・キリストについて直接言及している箇所だけでなく、旧新約全体に、イ

エス・キリストが示されている。だから私たちは旧約聖書も読み、そして新約聖書も読む。牧師は旧約聖書からも説教し、新約聖書からも説教するのです。それによって目指すところはどこか。それは、「救い主イエス・キリストを顕す」ことです。

これだけ分厚い聖書が、私たちに一番伝えたいことは何なのか。それは、イエス・キリストは神の子であるということです。そして、このキリストによって私たちは永遠のいのちにあずかり、神の子どもとして生きていき、神のみこころに生き、神の御国を建て上げるという、この喜びの知らせを伝えたくて、聖書は創世記からヨハネの黙示録までじつに多くのことを記しているのです。

ヨハネの福音書一章で、主イエスの弟子となったピリポがこう言っています。

「私たちは、モーセが律法の中に書き、預言者たちも書いている方に会いました。ナザレの人で、ヨセフの子イエスです。」（四五節）

ルカの福音書二四章には、主イエスの復活の日の印象深い出来事が記されています。特に一三節以降では、復活された主イエスがともに歩んでくださっているのに、それに気づいていないふたりの弟子たちが、主イエスによって目が開かれていく時の様子が感動的な筆致で次のように記されます。

「それからイエスは、モーセやすべての預言者たちから始めて、ご自分について聖書全体に書いてあることを彼らに説き明かされた。……すると彼らの目が開かれ、イエスだと分かったが、その姿は見えなくなった。二人は話し合った。『道々お話しくださる間、私たちに聖書を説き明かしてくださる間、私たちの心は内で燃えていたではないか。』」

（同二七、三一～三二節）

ここでは主イエスが「ご自分について聖書全体に書いてあることを彼らに説き明かされた」とき、「彼らの目が開かれ、イエスだと分かった」。そしてその経験は「私たちに聖書を説き明かしてくださる間、私たちの心は内で燃えていた」という経験だったのです。

さらにその後、イエスさまは弟子たちに現れて、こう言われました。

「『わたしがまだあなたがたと一緒にいたころ、あなたがたに話したことばはこうです。わたしについて、モーセの律法と預言者たちの書と詩篇に書いてあることは、すべて成就しなければなりません。』それからイエスは、聖書を悟らせるために彼らの心を開いて、こう言われた。『次のように書いてあります。「キリストは苦しみを受け、三日目に死人の中からよみがえり、その名によって、罪の赦しを得させる悔い改めが、あらゆる国の人々に宣べ伝えられる。」』」（ルカ二四・四四～四七）

聖書はイエス・キリストにおいて成就する。この真理を主イエス自身が弟子たちに明らかにしておられます。

また使徒の働き八章で、イザヤ書五三章を読んでいたエチオピア人の宦官は、聖霊に促されて近づいて来たピリポにこう尋ねます。

「お尋ねしますが、預言者はだれについてこう言っているのですか。自分についてですか。それとも、だれかほかの人についてですか。」（三四節）

続く三五節で、「ピリポは口を開き、この聖書の箇所から始めて、イエスの福音を彼に伝えた」とあります。ピリポは旧約聖書のイザヤ書のことばから始めて、聖書全体を説きながら「イエスの福音を彼に伝えた」のです。その結果、宦官はよくわかり、イエス・キリストを信じ受け入れ、水のある場所で洗礼を受けたのでした。

聖書六十六巻は、イエス・キリストを私たちにはっきりと証ししてくださる。そのために、誰もがみな聖書の学者にならないとわからない、ということではありません。私たちが心開いて聖書の語りかけを聞いていくとき、聖霊が働いてくださり、それが聖書のどの箇所であったとしても、イエス・キリストの姿が私たちに証しされる。そして、このイエス・キリストを受け入れるときに、真の意味で「聖書がわかる」ということが起こるのです。

聖書の目的

同じヨハネの福音書の二〇章三一節には、このように記されています。

「これらのことが書かれたのは、イエスが神の子キリストであることを、あなたがたが信じるためであり、また信じて、イエスの名によっていのちを得るためである。」

旧新約聖書六十六巻の目的を一言でまとめれば、このみことばに行き着きます。聖書は何のために書かれたのか、なぜ私たちは聖書にこだわり続け、聖書のことばに聞き続けるのか。それは、この聖書を通して私たちが「イエスが神の子キリスト」、私たちのただ一人の救い主であることを信じ、そのことによって永遠のいのちを得るためなのです。そのために、神は聖書を私たちに与えてくださいました。

先述した日本同盟基督教団の信仰告白には、聖書は「信仰と生活の唯一絶対の規範」であると言われていました。イエスさまのことがわかった、信じた、だから聖書の目的は達したから、聖書の役目はそこで終わりというのではありません。今度は主イエスを信じた私たちが、このキリストとともに生きていくための、神の子どもとされた者としての、神の御国を建て上げていく歩みが始まっていくのです。

しばしば、神のことばよりもこの世の現実のほうに親しみを感じる時があります。聖書のことばを読んでも、「それはそうだけど……」と思ってしまいます。正しいことばだとも思うし、もちろん同意もしますが、聖書はそう言っているけれども、聖書のとおりに生きたらこの社会では生きていけないと、現実を優先しがちです。

しかし、そこで私たちは、神のことばこそが神の国の民として生きる一番の道しるべであることを覚えたいと思います。そこでは私たちはこの地上に生きながら、もはや神の国の価値観に生きる者とされていく。そういう神の国の価値観の中に生きる指針がはっきりと見えてくる筋の通った一筋の道を、みことばに導かれつつ、しっかりと地に足をつけつつ、ここから歩み出していきましょう。

5　神は語られる

1 神は昔、預言者たちによって、多くの部分に分け、多くの方法で先祖たちに語られましたが、2 この終わりの時には、御子にあって私たちに語られました。神は御子を万物の相続者と定め、御子によって世界を造られました。3 御子は神の栄光の輝き、また神の本質の完全な現れであり、その力あるみことばによって万物を保っておられます。御子は罪のきよめを成し遂げ、いと高き所で、大いなる方の右の座に着かれました。

（ヘブル一・一〜三）

昔、預言者たちを通して

ヘブル人への手紙は「神は……語られました」で始まります。聖書が証しする神は、沈黙のお方ではない。語られる神だというのです。私たち人間があれこれと神について思いを巡らし、考えを凝らし、たずね求め、探り極めていくのではなく、神のほうから私たちに向かって語ってくださるというのです。

語られる神。それに応答する私たち。そこにある生きた人格的な交わり。これがキリスト教における、信仰の大切なあり様です。

神が語られるとは、どういうことでしょうか。ヘブル人への手紙一章には、神がこれまでどのように私たちに語ってきてくださったか、そして今はどのように語っていてくださるかが端的に記されています。そこでは、神の語り方がいつの時代にも同じであったのでなく、むしろそれぞれの時代にあって神の語り方に進展があったことが明らかにされています。

まずその最初の段階がこうです。

「神は昔、預言者たちによって、多くの部分に分け、多くの方法で先祖たちに語られましたが……。」（一節）

このことばが指し示しているのは旧約時代のことです。旧約聖書には、天地創造から始まり、人類の始祖たちの歴史、そしてアブラハムとの間で結ばれた契約を経て、神の民イスラエルの歴史の中で、神が預言者たちを通して語ってこられた救いのみこころが記されています。しかもその語り方も、ある部分はさまざまな律法、規定、祭儀を通して、ある部分はイスラエルの民が歩んできた歴史を通して、ある部分は神の民の歩みの中で培ってきた信仰のことば、祈りのことば、嘆きのことば、賛美のことばである詩や格言を通して、そしてある部分は預言のことばを通してと、じつにバラエティーに富んでいます。

このように神は「預言者たちによって、多くの部分に分け、多くの方法で」語られましたが、それで神の語りかけは完結したわけではありませんでした。旧約聖書とは、やがて来られる救い主（メシア）の希望が指し示される約束の書物、希望の書物であって、それが指し示す先にこそ、私たちにとって最も大切なことば、私たちが聞くべき救いのメッセージがあるのです。

終わりの時には御子によって

「この終わりの時には、御子にあって私たちに語られました。」（二節）

かつて「預言者たちによって、多くの部分に分け、多くの方法で」語られた神は、「終わりの時には、御子にあって」語られました。来るべき〝神の救い〟を指し示す約束が預言者たちによって語られたのに続き、その成就、実現が「御子にあって」の語りだというのです。神の御子イエス・キリストによって神の救いのご計画が実現し、成就した。それが新約聖書が私たちに教えているところです。

かつて旧約の預言者イザヤが、「屠り場に引かれて行く羊のように、毛を刈る者の前で黙っている雌羊のように、彼は口を開かない」（イザヤ五三・七）と預言した方、ピリポに導かれたエチオピア人の宦官が、そのイザヤのことばを読み「預言者はだれについてこう言っているのですか」（使徒八・三四）と尋ねたお方。旧約聖書が語り続けてきた、やがて来る〝神の救い〟とは、イエス・キリストであることを、新約聖書はさまざまな仕方で私たちに明らかにしているのです。

主イエスがナザレのユダヤ教会堂で、ご自分の宣教の働きを公に始められた時の様子を記すルカの福音書四章一六節以下には、当時のユダヤ教会堂での礼拝の姿が、じつに生き生きと描かれています。

「それからイエスはご自分が育ったナザレに行き、いつもしているとおり安息日に会堂に入り、朗読しようとして立たれた。すると、預言者イザヤの書が手渡されたので、その巻物を開いて、こう書いてある箇所に目を留められた。

『主の霊がわたしの上にある。
貧しい人に良い知らせを伝えるため、
主はわたしに油を注ぎ、
わたしを遣わされた。
捕らわれ人には解放を、
目の見えない人には目の開かれることを告げ、
虐げられている人を自由の身とし、
主の恵みの年を告げるために。』

イエスは巻物を巻き、係りの者に渡して座られた。会堂にいた皆の目はイエスに注がれていた。イエスは人々に向かって話し始められた。『あなたがたが耳にしたとおり、今日、この聖書のことばが実現しました。』人々はみなイエスをほめ、その口から出て来る恵みのことばに驚いて、『この人はヨセフの子ではないか』と言った。」（四・一六〜二二）

ここで主イエスは、当時のラビの一人のように旧約の書を読み、その説き明かしをなさいました。いわば主イエスによる旧約説教といってもよい箇所です。ここで主イエスが読まれたことばは旧約のイザヤ書六一章でした。この箇所は先ほどのイザヤ書五三章と並んで、救い主についてはっきりと語っているイザヤ書の中でも代表的なメシア預言です。

主イエスはこのメシア預言を解き明かしながら、ご自身こそが神が遣わされる救い主であることを明らかにしておられます。「主はわたしに油をそそぎ」（一八節）の「油を注ぐ」とは、イエスさまが父なる神から、使命をもって任職されたことを意味しています。その使命とは、貧しい人々に福音を伝えることでした。

またイエスさまは、「捕らわれ人には解放を、目の見えない人には目の開かれることを告げ、虐げられている人を自由の身とし、主の恵みの年を告げるために」来られました。さまざまな罪の力、私たちを縛りつける過去、癒えない傷、私たちが自由になれない人の目、評価、自分自身を受け入れられない思い。そういうものに縛られている私たちを、イエスさまは解放してくださるのです。そして、見るべきものを見ずに、固く閉ざされてしまった私たちの暗い眼を開いて、真に見るべきものを見させてくださいます。

私たちに告げ知らされる「主の恵みの年」とは、旧約聖書に記された「ヨベルの年」のことを指しています。七日に一度安息日があり、七年に一度安息年があり、その安息の年が七回巡り、四十九年に一度この「ヨベルの年」がやってきます。「ヨベルの年」とは、あらゆる負債が免除される年です。これは大事な福祉の制度です。たとえば、奴隷の生活をしている、あるいは小作人として大地主から土地を借りて生活をしている、あるいは多額の借金のために自分の妻子を差し出さなければならないような人たちが、「ヨベルの年」には免除され、解放され、自由の身になれるのです。それをもって、イエスさまはここで「主の恵みの年」と言っておられるわけです。

つまり、私たちの心も体もたましいも、ほんとうの自由の中に解き放ち、すべての罪が赦される、まことの神による全き救いが到来した。そのことを、預言者イザヤは語りました。そして、イエスさまの時代から七百年近く前に預言者イザヤが語ったことばを、イエスさまが語られたのでした。この聖書の朗読の後、どのような説き明かしをされたのか。イエスさまの説教は非常に短いものでした。しかし、ものすごい内容のものでした。それが二一節に記されたことばです。

「あなたがたが耳にしたとおり、今日、この聖書のことばが実現しました。」
（ルカ四・二一）

これは驚くべきことばです。これまでも多くの律法の教師たちが安息日ごとに会堂に立ち、みことばを朗読し、その説き明かしを続けてきました。しかし、どれほど偉大な律法の教師であっても語り得なかったことばを、ここでイエス・キリストはお語りになる。単なる聖書の解釈、説明にとどまらず、「あなたがたが耳にしたとおり、今日、この聖書のことばが実現しました」と言われる。人々が何百年も聞き続け、待ち続けてきた救い主。それはわたしのことだと、そしてその約束が「あなたがたが耳にしたとおり、今日、この聖書のことばが実現しました」と宣言されたのです。

ヘブル人への手紙に戻りますと、二節以下にはこのように記されています。

「この終わりの時には、御子にあって私たちに語られました。神は御子を万物の相続者と定め、御子によって世界を造られました。御子は神の栄光の輝き、また神の本質の完全な現れであり、その力あるみことばによって万物を保っておられます。御子は罪のきよめを成し遂げ、いと高き所で、大いなる方の右の座に着かれました。」

（ヘブル一・二〜三）

神は御子イエス・キリストにあって語られた。御子イエス・キリストは、「万物の相続者」「神の栄光の輝き」「神の本質の完全な現れ」であり、ヨハネの福音書一章が語ったように、「ことばは人となって、私たちの間に住まわれた」（ヨハネ一・一四）であり、「律法はモーセによって与えられ、恵みとまことはイエス・キリストによって実現した」（一・一七）のです。

そして今は聖霊によって

それでは、神は今、この時、私たちにどのように語りかけておられるのでしょうか。最初に触れたように、神の語りかけは画一的ではありません。かつて旧約の時代には預言者によって、そして新約の時代には御子イエス・キリストによって語られました。では、現代に生きる私たちにはどのような方法をもって語ってくださるのか。まず大事なことは、神は今も語っておられるということです。神の語りはやんではいません。しかし神の語り方は変化しています。

ではどのように変化したのか。ヘブル人への手紙は「終わりの時には、御子にあって私たちに語られました」と言いますが、この御子の語りは今の時代にまで続いています。それは「みことばと聖霊によって」ということです。神は今、この時、御子イエス・キリストにより、聖霊を用い、聖書を通して私たちに語っていてくださるのです。聖書には神の私たちに対する救いのみこころが完全に言い表されています。神の語りが続いているというのは、聖書の内容が更新されたり、書き加えられたりすることを意味してはいません。聖書における神の啓示は完結しています。

しかし聖書が完結していることと、神の語りが続いていることは決して矛盾するものではありません。神は今、天へと挙げられたキリストにより、聖霊を用い、この聖書を通して私たちに語り続けていてくださる。この神の語りのダイナミックさをとらえたいと思うのです。

一六世紀の宗教改革の時代に、スイスのチューリヒで活躍したハインリヒ・ブリンガーという改革者がいます。そのブリンガーが晩年、自分が信じてきた信仰の証しを残したいと、全部で三十章から成る大きな信仰告白の文章を書きました。これは彼がもともと遺言のつもりで書いたのですが、その内容が非常に優れているとのことで、これを教会の信仰告白として用いようということになり、当時のスイス、南ドイツなど、多くの都市の教会がこの信仰告白を受け入れて、自分たちの信仰のことばに位置づけました。それがやがていろいろな国のことばに翻訳されて、今ではヨーロッパの、いわゆる改革派の流れを汲む教会の代表的な信仰告白のひとつに数えられています。「第二スイス信仰告白」と呼ばれる文書です。

その第一章、聖書についての告白の中に、次のような一文があります。

「われわれは聖なる預言者と使徒による正典たる書、すなわち旧・新約聖書が、神のまことの言葉そのものであり、それ自身で十分な権威をもち、人間によって権威付けられるものでないと信じ、かつ告白する。すなわち、神は自ら父祖たち、預言者たち、使徒たちに語りたまい、今なお書かれた聖書によってわれわれに語りたもうのである。」　（『改革教会信仰告白集』「第二スイス信仰告白」渡辺信夫訳、教文館）

ここで第二スイス信仰告白が、「今なお書かれた聖書によってわれわれに語りたもう」と告白していることに注目したいと思います。神は沈黙せずに、今も私たちに向かって語りかけておられる。聖書を通して神は語るのだと言っているのです。第二スイス信仰告白には、有名な「神の言葉の説教が神の言葉である」との表現もあります。つまり「聖書によって語る」というとき、そこで決定的のは「教会」という存在であり、教会に立てられた「説教者」の存在です。聖書は教会において、説教者を通して説き明かされ、語られ、聞かれ、生きられてこその神のことばだ。第二スイス信仰告白は、こう告白しているわけです。

聖霊は今、みことばとともに働いて、神の語りかけることばを私たちに聞かせ、それを悟らせ、従う信仰を与えてくださるお方です。ヨハネの福音書一四章で、イエスさまは天に帰られる日が近づいたときに、「わたしは、あなたがたを捨てて孤児にはしません。あなたがたのところに戻って来ます」(一八節)と語り、さらに「助け主」を送ることを約束してくださいました。その「助け主」こそ、聖霊なる神です。

「助け主、すなわち、父がわたしの名によってお遣わしになる聖霊は、あなたがたにすべてのことを教え、わたしがあなたがたに話したすべてのことを思い起こさせてくださいます。」(二六節)

聖霊は私たちに、主イエスのことばをわからせてくださる。聖書は難しくてよくわからない、と思う方もおられると思います。しかし、礼拝に集い、聖霊の助けを受けながら聖書の説き明かしを聞く、また教会の交わりの中に身を置いて聖書を読むときに、みことばがわかるという経験が与えられるのです。

繰り返しますが、かつて預言者を通して語られた神は、御子イエス・キリストにおいて語られ、そして今はこの御子イエス・キリストが聖霊を通し、みことばによって説教者を用いて、今日の私たちに語っておられる。それが、聖書を通しての神の語り方なのです。いつでも聖書を開くたびに、神がご自身のみこころを明らかにし、私たちを慰め、戒め、励まし、新しい人間として生きる新しい出会いを与えてくださいます。父なる神の大いなる語りかけによって、私たちを新しい人間につくり変えてくださる。そのように期待してみことばを開くのであり、聖書はそのたびごとに私たちに新しいことばをもって語りかけてくださる、まさしく生ける神のことばなのです。

聖霊に導かれて神の語りかけを聞く

今も聖書を通し、聖霊によって神さまが語りかけておられるのなら、その神の御声を私たちはどのようにして聞くのでしょうか。ただ漫然と聞くわけにはいかないのです。神の語りかけを聞くにあたっての私たちの姿勢について、最後に三つのことを申し上げておきたいと思います。

第一に、「慕い求める心をもって」ということです。詩篇四二篇一節にこうあります。

「鹿が谷川の流れを慕いあえぐように／神よ　私のたましいはあなたを慕いあえぎます。」

現代の世界には、飢えや貧困の中で困窮する人々がいる一方で、あり余る豊かさの中で、何の不足もないと思って生きている人々も多くいます。しかし、それほど目に見えるものが満たされても、それらによっては絶対に満たされない心の渇きを抱えて生きていることも事実です。しかし、その渇きに気づいてしまったら生きていけないので、なるべくその渇きと向き合わないように、別のものでごまかしながら生きてしまう。けれども、どうやっても満たされることのない渇きは、なお厳然として私たちのうちにあります。

ほんとうの飢え渇きを満たしてくれるのは、神のことばだけです。そうであればこそ、私たちもみことばへの飢え渇き、慕い求める心をもって神のことばに聞く者でありたいと思います。主のみことばなしには生きることのできない私たちに差し出されているいのちのパン、渇くことのない泉。それをいつでも新しく慕い求める者でありたいと思うのです。

出エジプトの時代、主なる神は荒野を旅するイスラエルの民を養うために、朝ごとに天からのパンである「マナ」を降らせてくださいました。神はイスラエルの民にマナを朝ごとに集めるように命じ、二日分まとめることをお許しになりませんでした。主イエスは弟子たちに教えた主の祈りにおいて、「日ごとの糧を、今日もお与えください」と祈るように教えてくださいました。

みことばの糧も同様です。毎日、毎日神が語ってくださるみことばを求めて、それに養われて生きていく。日曜日に礼拝で説教を聞いたから今週はもう聖書を読まなくて大丈夫、ということではないのです。「日ごと」に神のことばに養われて、そのみことばを慕い求めて生きていく。そのような歩みをさせていただきたいと思うのです。

第二に、「期待する心をもって」ということです。今日、神は私に何を語ってくださるのか、何を新しく示してくださるのか。期待する心をもってみことばを聞くことが大切です。聖書は、何も期待せず、ただ義務として読むものではありません。今日、礼拝で語られるみことばを通して、今日開く聖書の箇所を通して、神は私に何を語りかけてくださるのか。みことばに期待することは、神ご自身に期待することなのです。

長年、信仰生活を送っていると、日曜日に教会に来て、説教のタイトルと箇所を見ると、だいたい今日の説教はこんな話かなと見通しがついてしまい、そこにはみことばへの期待の心も何もなくなってしまうことでしょう。「自分は聖書をもう何度も読んでいるから、この箇所の意味はもうわかっているし、これ以上自分が知るべきことはありません」と言ってしまったらそれまでなのです。神のことばに期待して聞く姿勢、神のことばを慕い求める姿勢があるところに、私たちは神の語りかけを受け取ることができるでしょう。

みことばを読みながらも、心が斜めに構えてしまっていては、神の語りかけを聞くことができません。固くなってしまった心に、みことばは入っていくことはできません。開かれた心で、待ち望む心で、みことばには力があるという確信をもって、みことばに聞いていきたいのです。もちろん私たちには限界があります。しかし、神のことばには力があり、現実を突破する力がある。そのみことばの力を信じ、期待して生きていく。そういう者にならせていただきたいと思います。

そして第三に、「従う心をもって」ということです。どんなに神が語ってくださっていても、それに従う心がなければ、私たちの耳は閉ざされたままです。「とりあえず神さま、何か言ってみてください。それを聞いたうえで、従うかどうか、私の態度を決めます」と、私たちには神と駆け引きをしようとする傾向があります。まず神のことばに従うという決断をもってみことばに聞いていく。「主よ、従います」という心をもって、へりくだってみことばに聞くとき、主のみこころが私たちの内に示されていきます。

主イエスの足下に座り込んでみことばを聞いたマリアのように（ルカ一〇・三八～四二）、「ただ、おことばを下さい」と主イエスに願った百人隊長のように（ルカ七・二～一〇）、そして「わたしについて来なさい」と言われた主イエスの招きに従っていった弟子たちのように、私たちも従う心をもって主の御声に聞く者でありたいと願うのです。

私は牧師家庭で生まれ、教会で育ちました。小さいころから教会では、大事なことを決断する時には自分だけで決めてはいけない、よくお祈りして、みことばが与えられて確信を得てから決めなさいと教えられてきました。進路を決める時にも、結婚する時にも、実際の牧会の現場に出る時にも、みことばによって神からの確信が与えられるようにと祈り求めてきました。

幼いころから教会で「自分はこういうみことばが与えられて決心しました」という証しを聞くことがありました。正直に言って、私にはそのことがよくわかりませんでした。「みことばが与えられるってどういうことなのか。ただ自分の思いに引きつけて聖書を都合よく読んでいるだけなのではないか。何かそれとわかるハッキリとしたサインでも出るのか。」そんな半信半疑な思いでした。

高校三年生の進路を決める時期のことです。当時の私は、将来は伝道者の道を進みたいと願っていました。しかし、それがほんとうに主からの召しなのか、自分自身の思いなのか、はっきりした確信はありませんでした。私が高校一年生のときに父が癌で天に召されたので、進路の相談を母にしたのですが、母は「あなたが祈って決めなさい」としか言いませんでした。「みことばによる確信が必要」と言われていたので聖書を毎日読んでいましたが、一向にみことばが与えられる気配がない。ほんとうにみことばが与えられることがあるのだろうか、そもそもみことばが与えられるとは何なのかと、またあの半信半疑の心がやってきました。

悶々（もんもん）としながら過ごしていたある冬の日の夜、布団に入って聖書を読み始めた時のことです。そのころ、旧約聖書を一章ずつ読んでいて、ちょうどその日からエレミヤ書に入るところでした。その一章七節を読んだとき、私の心にストンと落ちる思いがしました。

「主は私に言われた。『まだ若い、と言うな。わたしがあなたを遣わすすべてのところへ行き、わたしがあなたに命じるすべてのことを語れ。』」

これは、エレミヤが預言者として召された時のことばです。しかし、神はこれを私に語っておられるのだ、ということがはっきりわかるという経験をしました。そして、それまでほんとうに献身してよいのか、今すべきなのか、もう少し待つべきなのか、あれやこれや人に相談したり、悩んでみたり、それでも決断できなかったのが、その高校三年の冬の夜、はっきり自分の心が決まったのでした。

そして、神学校に進み、そこで四年間学び、いよいよ教会に遣わされるにあたって、教団の理事会から岡山の教会に行くように言われました。しかし、当時、私にはほかの地域での働きに重荷があり、岡山に行きたくないと、その話に断りを入れようとしました。今考えてみると、神学校を卒業しようかという神学生が理事会からの話を断るなどとんでもない話なのですが、とにかくいざ遣わされる日が近づく中で、再び悶々と祈る日々が始まりました。その祈りの中で経験したことは、あの高校三年生の冬の日に読んだ、あのエレミヤ書一章七節のみことばに引き戻されていくという経験でした。「わたしがあなたを遣わすすべてのところへ行き、わたしがあなたに命じるすべてのことを語れ」とのみことばで伝道者への召命を確信したのに、そのための準備をし、学びを重ね、いよいよ遣わされようかというその時に、「あそこは嫌です」と言っている自分は何なのだと思わされました。そして、神さまに従いますと祈り、卒業後、岡山の教会に遣わされていきました。そこでまことに宝のような日々を過ごすことが許されたのです。

神の語りかけは真実です。その語りかけを聞いたなら、私たちの生き方は変えられていきます。自分の思いを超えて、大きく確かな神のみこころの中に生き始めることができる。しかし、それは自分が自分でなくなるような生き方ではなく、ほんとうの「私」として生きることができる道です。

神はその道に、私を導いていてくださる。そのために、今日も語っておられる。聖書を通し、聖霊によって、御子イエス・キリストを通して、私たちにご自身のみこころを示してくださる。この神の語りかけを慕い求め、みことばに期待し、そして、その御声に聞き従っていく私たちとならせていただきましょう。

6 「わたしはある」という神

13モーセは神に言った。「今、私がイスラエルの子らのところに行き、『あなたがたの父祖の神が、あなたがたのもとに私を遣わされた』と言えば、彼らは『その名は何か』と私に聞くでしょう。私は彼らに何と答えればよいのでしょうか。」

14神はモーセに仰せられた。「わたしは『わたしはある』という者である。」

また仰せられた。「あなたはイスラエルの子らに、こう言わなければならない。『わたしはある』という方が私をあなたがたのところに遣わされた、と。」

（出エジプト三・一三〜一四）

名乗る神

使徒パウロが、ギリシアの学都アテネの町にあるアレオパゴスで語った説教が、使徒の働き一七章に記されています。パウロはアテネの人々を「あなたがたは、あらゆる点で宗教心にあつい方々だと、私は見ております」(二二節)と言ったうえで、こう語りかけます。

「道を通りながら、あなたがたの拝むものをよく見ているうちに、『知られていない神に』と刻まれた祭壇があるのを見つけたからです。そこで、あなたがたが知らずに拝んでいるもの、それを教えましょう。」(一七・二三)

この説教を語る前、パウロはアテネの町中を歩き回る中で、あちらこちらにギリシアの神々を祀った像や祭壇があるのを見て「心に憤りを覚えた」とあります(一六節)。そして、それらの祭壇の中に「知られていない神」への祭壇まであったと言うのです。ギリシア神話からもわかるように、ギリシア人は多くの神々を崇拝していました。そのうえ、もしかしたら自分たちがまだ知らない神もいるかもしれない、ということで、わざわざ「知られていない神」のための祭壇まで作り、それを拝んでいたというのです。

このようなアテネの現状を見たパウロが、「あなたがたが知らずに拝んでいるもの、それを教えましょう」と言うと、天地万物をお造りになった神の創造の御業から説き起こし、イエス・キリストの復活に至る、旧新約聖書を貫く大いなる神の救いのメッセージを語ったのでした。

アテネの人たちが拝んでいた「知られていない神」。それは名前を持たない匿名の神です。そのような匿名の神を礼拝する人間の姿は、私たちの時代から遠い昔の出来事にとどまるものではありません。むしろ私たちの身近なところにも、同じようなことがあるのではないでしょうか。私たちの身の回りにも多くの神々があふれています。人でも、モノでも、動物でも、なんでもその気になれば「神」にしてしまう、「神」になってしまう。なんでも「神」に祭り上げることのできる歪んだ宗教性を持っています。

聖書の証しする神は「名前を持つ神」「名乗る神」です。匿名の神、知られていない神ではなく、ご自分が何者であるのかを、私たちにはっきりと示すお方です。神はご自身の名を私たちに明らかにしてくださる生ける神なのです。

私たちもそれぞれ名前を持ち、その名をもって呼ばれるわけですが、名前を持つということは、それによって自らの存在がはっきりと特定されることを意味します。「わたしはあなたの名を呼んだ。あなたは、わたしのもの」(イザヤ四三・一)と言われるように、神は私たちの名前を呼んでくださるお方です。それは神が私たちを無名の集団としてではなく、一人一人の存在を、その名前とともに知っていてくださる。一人一人を固有で個別な尊い存在として認めていてくださるとともに知っていてくださる。そして私たち一人一人と交わりを持ってくださる、生けるお方であることを表しています。

このように、神が私たちをその名をもって呼んでくださるお方なので、私たちもまたこの神を、匿名の「知られていない神」、抽象的な「神一般」というような曖昧(あいまい)な仕方で知るのではなく、神が明らかにしていてくださるお姿をしっかりと見つめ、その名をもって呼びかけることを許していてくださる名をもって、このお方を呼ぶことが求められているでしょう。そこに神との生きた交わりが生まれていくのです。

神が私たちにご自身の名を明らかにしてくださった。この出来事が記されるのが出エジプト記三章です。この箇所は、エジプトの地で奴隷の生活を強いられ、苦しみの中に喘ぐイスラエルの民の姿をご覧になった神が、彼らを救い出すためにモーセという一人の人を召し出し、彼に大切な役割を与えようとする場面です。エジプトを脱出するにあたり、神からイスラエルの民を率いる大役に任命されたモーセは、その務めを二つ返事で引き受けたわけではなく、非常に恐れ、たじろぎます。そして神とモーセとの間で繰り広げられた問答が、出エジプト記三章一三、一四節のことばです。

「モーセは神に言った。『今、私がイスラエルの子らのところに行き、「あなたがたの父祖の神が、あなたがたのもとに私を遣わされた」と言えば、彼らは「その名は何か」と私に聞くでしょう。私は彼らに何と答えればよいのでしょうか。』神はモーセに仰せられた。『わたしは「わたしはある」という者である。』また仰せられた。『あなたはイスラエルの子らに、こう言わなければならない。「わたしはある」という方が私をあなたがたのところに遣わされた、と。』」

「わたしはある」という神

神は、ご自身の名を「わたしはある」と仰せられました。モーセが主なる神にその名を尋ね、神がそれに答えて自らの名を明らかにされるという、旧約聖書の中でも重要な場面です。

「わたしはある。」これは旧約聖書のことばでは「ヤハウェ」という名です。ユダヤ人は、この神の呼び名である「ヤハウェ」ということばを、非常に慎重に扱いました。十戒の中に「あなたの神、主の名をみだりに口にしてはならない」とあるように、神の名前を表すこの四文字を「神聖四文字」と呼び、口に出して発音してはいけないということで、「アドナイ」(わが主)と言い換えるようになりました。つまり、それほどまでに神の名前を呼ぶことに恐れをもったのです。

主なる神は、「わたしはある」という名をもって、私たちにご自身をはっきりと示していてくださるお方です。また、神がその名を私たちに示されるとは、私たちが神をその名をもって親しく呼び求めることをよしとし、喜びとしていてくださるお方、私たちと交わりを持ちたもうお方であることを意味しているのです。

「わたしはある」という御子イエス・キリスト

聖書の中でもう一人、自らを「わたしはある」という者と名乗った存在がいます。それが、神の御子イエス・キリストです。ヨハネの福音書八章で、主イエスは二度にわたってご自身を「わたしはある」という者だと自己紹介しておられます。

「あなたがたは下から来た者ですが、わたしは上から来た者です。あなたがたはこの世の者ですが、わたしはこの世の者ではありません。それで、あなたがたは自分の罪の中で死ぬと、あなたがたに言ったのです。わたしが『わたしはある』であることを信じなければ、あなたがたは、自分の罪の中で死ぬことになるからです。……

あなたがたが人の子を上げたとき、そのとき、わたしが『わたしはある』であること、またわたしが自分からは何もせず、父がわたしに教えられたとおりに、これらのことを話していたことを、あなたがたは知るようになります。わたしを遣わした方は、わたしとともにおられます。わたしを一人残されることはありません。わたしは、その方が喜ばれることをいつも行うからです。」

（八・二三〜二四、二八〜二九）

ここは、ユダヤ人たちが主イエスに向かって、「あなたはいったい何者か」と問うたのに応じられたことばです。二四節、二八節の「わたしはある」ということばは、ギリシア語で「エゴー・エイミ」、旧約聖書の出エジプト記における「わたしはある（ヤハウェ）」と同じ言い方です。二四節では「『わたしはある』であることを信じなければ」と主イエスは言われ、この二八節でも「そのとき、わたしが『わたしはある』であることを……知るようになります」と言っておられます。

二八節に「あなたがたが人の子を上げたとき」とありますが、これはユダヤ人が主イエスを十字架につけることを指しています。つまり、ユダヤ人たちから「あなたは何者か」と問われた主イエスは、十字架につけられるとき、そして復活のときに、その問いへの答えである「わたしはある」ということがはっきりとわかるようになると言われます。

かつて主なる神がモーセにご自身をあらわしてくださったときに、「あなたの名は何ですか」と問うたモーセに対して主なる神が教えてくださった「わたしはある」という名前。そして旧約以来、その名を恐れつつ心に刻んできた人々に向けて、「わたしは『わたしはある』という者だ」と主イエスは言われ、それでも理解しないユダヤ人に対して、やがて時が来ればそれがはっきりわかる、と言っておられるのです。

「わたしはある」と名乗る神は、超越した存在、孤高の存在としておられるわけではありません。「わたしはある」と名乗る神、そして「わたしはあなたの名を呼んだ。あなたは、わたしのもの」（イザヤ四三・一）と語られる神は、「『その名はインマヌエルと呼ばれる。』それは、訳すと『神が私たちとともにおられる』という意味である」（マタイ一・二三）とあるように、御子イエス・キリストにおいてまさに「私たちとともにある」お方としておいでくださいました。私たちにご自身の名を明らかにしてくださった神は、私たちと関わりを持ってくださるお方であり、「わたしはある」と名乗られる神は「私たちとともにいる」神であり、しかも主イエスは次のようにも約束してくださっています。

「見よ。わたしは世の終わりまで、いつもあなたがたとともにいます。」
（マタイ二八・二〇）

永遠からおられ、神のことばとして私たちのもとに来られたイエス・キリスト。十字架と復活によって救いを成し遂げて天に上げられ、そして今も父なる神の右の座にあって、私たちのために日々とりなし続けていてくださるイエス・キリスト。そしてやがて再び来られて、神の国を完成してくださるイエス・キリスト。「わたしはある」と自己紹介される神のお姿を、これ以上ないほどにはっきりとした仕方でお示しくださいました。

このイエス・キリストを抜きにして、私たちは「わたしはある」と言われる神のほんとうのお姿を知ることができません。「神」という存在があるらしい、とおぼろげながら言うことはできても、生けるまことの神がおられると私たちがはっきりと信じることはできません。それを信じることができるのは、イエス・キリストを通してだからです。

神を呼ぼう

このように考えてくると、私たちにとって、神が存在しているということを理解するだけでは意味がないことがわかってきます。このお方は自分にとってどういうお方なのか、この私とどういう生きた交わりを持ってくださるお方なのか。この生けるまことの神との出会いが起こり、交わりが生まれることが大切なのです。

繰り返すように、神が「わたしはある」と名前を明らかにしてくださったのは、私たちが神を呼ぶことを、神ご自身が良しとしてくださっているということです。神を呼ぶことを恐れ憚（はばか）って口をつぐんでしまうのでなく、むしろ神は私たちがその名を呼ぶことを喜びとし、実際に呼びかけるのを待っていてくださる。神の名を呼ぶことは、私たちに与えられた大きな特権なのです。

一九二七（昭和二）年に、二十九歳の若さで亡くなった、八木重吉というキリスト者詩人がいます。『貧しき信徒』、『神を呼ぼう』という二つの詩集が残されています。この『神を呼ぼう』という詩集の中に「みんなもよびな」という詩があります。

みんなもよびな

さて
あかんぼは
なぜに　あん　あん　あん　あん
なくんだらうか

ほんとに
うるせいよ
あん　あん　あん　あん
あん　あん　あん　あん

うるさか　ないよ
うるさか　ないよ
よんでるんだよ
かみさまをよんでるんだよ
みんなもよびな
あんなに　しっこくよびな

ちょうどこの詩が作られたころ、重吉の家にはまだ小さい娘と息子がいたようです。毎日泣きながらお母さんを呼び、お乳を願い、抱っこしてもらうことを願い、笑いかけてくれることを願う。そんな幼子の姿に神を呼ぶ人間の姿を見つめ、さあ神を呼ぼうと呼びかけているのです。

神は私たちにご自分の名を明らかにしてくださいました。そして言われるのです。

「わたしを呼べ。そうすれば、わたしはあなたに答え、あなたが知らない理解を超えた大いなることを、あなたに告げよう。」
（エレミヤ三三・三）

「わたしを呼べ」と招かれるお方に向かって、私たちは今日も心からその名を呼び求め、この主なる神を礼拝し、このお方の御名によって祈り、このお方の語りかけを聞きたいと思います。

アバ、父よ

そして驚くべきことに、神は御子イエス・キリストを通して、私たちが「アバ、父よ」と呼ぶことを許してくださいました。

「あなたがたが子であるので、神は『アバ、父よ』と叫ぶ御子の御霊を、私たちの心に遣わされました。」（ガラテヤ四・六）

天地万物の創造主にして、全知全能の神を「父よ」と呼ぶこと。それは本来ならとうてい私たちにはできないことであり、また許されないことです。

確かに旧約聖書においても主なる神が「父」と呼ばれることはあり、またユダヤ教伝統においてもそのような習慣があったと言われています。しかし、それでも神を「アバ、お父さん」と、幼い子どもが呼びかけるような、親しいことばで呼ぶことなどあり得ませんでした。

それがなぜ可能になったのか。それは、御子イエス・キリストの贖いのゆえです。イエス・キリストが、罪の奴隷であった私たちを神の子どもとしてくださった。それゆえに、かつては神を呼ぶことなどできなかった者が、今では神に近づけられ、御子の御霊をいただいて、「アバ、父よ」と親しくお呼びすることができるようにされました。そのとき、私たちは自分自身が何者であるかということをはっきりと知る者とされました。

ルカの福音書一五章に出てくる放蕩息子と父親の関係が、まさにここに重なってきます。父のもとから離れたら、自由になれて、好き勝手に生きられて、自分が自分であることができる、自立できると思い、家を飛び出した弟息子。しかし、自分がほんとうに何者なのかを知るのは、じつは父親のもとでのことなのです。父の名を呼ぶ。「アバ、父よ」と呼ぶ関係の中に生かされることが、私たちが本来の自分を見いだす時であり、人間が本来与えられていた神との関係を生きる姿なのです。

かつては罪と滅びの中にあった私たちが父なる神の選びに基づき、御子イエス・キリストの贖いにより、聖霊の働きの中で神の子とされた。それゆえに、私たちは今、大胆にも主イエスの父なる神を「アバ、父よ」と呼ぶことのできる子としての身分を与えられているのです。父なる神は、私たちが「お父さん」と呼びかけることを待っていてくださるお方です。「父よ」との呼びかけは、そこに応答を求める呼びかけであり、父であられる神は、その呼びかけに答えてくださり、私たちの祈りを聞き届けてくださる生けるお方なのです。

この恵み深い主なる神の御名を心から称え、神の御名を親しく呼ぶ私たちでありたいと願います。そのときに、この神は私たち一人一人をもその名をもって呼んでくださり、私たちの神、私の神となってくださるのです。

7　いのちを与え、生かす神

8さてリステラで、足の不自由な人が座っていた。彼は生まれつき足が動かず、これまで一度も歩いたことがなかった。

9彼はパウロの話すことに耳を傾けていた。パウロは彼をじっと見つめ、癒やされるにふさわしい信仰があるのを見て、10大声で「自分の足で、まっすぐに立ちなさい」と言った。すると彼は飛び上がり、歩き出した。

11群衆はパウロが行ったことを見て、声を張り上げ、リカオニア語で「神々が人間の姿をとって、私たちのところにお下りになった」と言った。

12そして、バルナバをゼウスと呼び、パウロがおもに話す人だったことから、パウロをヘルメスと呼んだ。

13すると、町の入り口にあるゼウス神殿の祭司が、雄牛数頭と花輪を門のところに持って来て、群衆と一緒にいけにえを献げようとした。

14これを聞いた使徒たち、バルナバとパウロは、衣を裂いて群衆の中に飛び込んで行き、叫んだ。

15「皆さん、どうしてこんなことをするのですか。私たちもあなたがたと同じ人間です。そして、あなたがたがこのような空しいことから離れて、天と地と海、またそれらの中のすべてのものを造られた生ける神に立ち返るように、福音を宣べ伝えているのです。16神は、過ぎ去った時代には、あらゆる国の人々がそれぞれ自分の道を歩むままにしておられました。17それでも、ご自分を証ししないでおられたのではありません。あなたがたに天からの雨と実りの季節を与え、食物と喜びであなたがたの心を満たすなど、恵みを施しておられたのです。」

18こう言って二人は、群衆が自分たちにいけにえを献げるのを、かろうじてやめさせた。

（使徒一四・八〜一八）

創造の神

前章では出エジプト記三章から、聖書の証しする神は「わたしはある」という名を持つお方だと教えられました。他の何ものの支えも必要としない、神さまはご自身だけで十分に満ち足りて、ご自身で自らを支えているお方。教理のことばでは「自己自存」の神と言いますが、そのようなお方であることを見てきました。しかし、その神は、私たちにとって遠く離れた孤高の存在でなく、交わりの神、ともにいます神であることも同時に学びました。

神は、ご自身のお造りになった世界とその世界にあるすべてのいのちあるもの、とりわけ私たち一人一人と交わりを持つことを欲しておられ、そして、私たちと「ともにいます神」として、今日も生きて働いていてくださいます。

イエス・キリストの父にして、私たちの父にもなってくださり、私たちにいのちを与え、生かしてくださる神は、この世界をお造りになり、これを今も治め、支え、導き、生かし、養い続けていてくださる。このような神のお働きを教理のことばで「創造と摂理」と呼びます。

創造の神を信じること、それはこの世界とそこに生きるすべてのもの、そしてこの「私」の存在の意味を見いだすことに繋がることです。造り主なる神と、造られた存在である私。その間の隔たりは私たちの想像をはるかに超えるものですが、しかし創造の神を知ることは、最終的に自分自身を知ることに行き着きます。今、ここに生きている私。この私という存在の意味は何か、その目的は何か。造り主なる神を求め、信じていくことにより、この私が生きる意味、目的が明らかにされていきます。

神がこの世界を造られたと信じることとは、ただこの世界の成り立ちを云々するにとどまらず、この世界を造ったお方がおられると信じ、この世界を今日も存在させ、そこに意味を与えるお方がおられると信じることを意味します。だからこそ、すべてのことには意味があり、今日私が生きることにも意味を与えてくださるお方がいることを信じ、認めて生きることができるのです。

私たちは、自らの存在に意味づけが与えられることなしには生きていくことができません。人間とは意味を求める生き物です。後付けの意味ではなく、私たちを支える根本的な意味を備えてくださるのが、この世界を造り、そこにあるいのちを生かしておられるまことの神です。この「創造と摂理」の神との出会いによって、私たちはその意味をしっかりと自分のものとして受け取ることができるのです。

　創造の神を知り、信じるとき、被造物である世界は輝きを放ち、そこに生かされている私たち自身もまことにかけがえのない、意味ある存在として生きる者とされる。神を神とするということは、世界が世界としてのかけがえのない意味を帯びることであり、私が私であることが確かめられることに繋がります。神を問うことと私を考えることは、切り離すことができません。

　一六世紀宗教改革を代表する改革者ジャン・カルヴァンの主著に『キリスト教綱要』という書物があります。カルヴァンは生涯にわたってこの書物に何度も改訂を施していきました。しかし初版から最終版まで、一貫してその冒頭に記したのは、人間にはどうしても知らなければならない二つの認識があるということでした。ひとつは創造者なる神を知るということ、いまひとつが神に造られた私たち人間すなわち自分自身を知るということでした。カルヴァンにとって、この二つの認識は切り離すことができないものでした。

　創造主である神を知り、信じることが、その神によって造られた、かけがえのない価値ある存在である自分を見いだし、また隣人を見いだすことに繋がっていくのです。

リステラでのパウロの姿から

使徒の働き一四章八節以下の場面には、使徒パウロたちによる伝道旅行の最中に起こった、大変印象深い出来事が記されています。

パウロとバルナバは、伝道旅行で立ち寄ったリステラという町で生まれつき歩くことのできない人と出会います。八節から一〇節に記されているのは、パウロによってこの人が癒やされていくという出来事です。

ここで注目したいのは、パウロがこの足の不自由な人に目をとめ、「癒やされるにふさわしい信仰があるのを見」たと記されている点です。「癒やされるのにふさわしい信仰」とはどのような信仰なのでしょうか。何か特別な信仰ということなのでしょうか。聖書の記述を読むかぎり、この足の不自由な人がしたことは、ただ「パウロの話すことに耳を傾けていた」だけです。彼は自由に動けないため、自分から何かを働きかけることもできなかったでしょう。彼ができることといえば、そこに座ってパウロが語る福音のことばに耳を傾けることでした。けれども、それを聖書は「信仰」と呼ぶのです。その理由が、このリステラの町の宗教的な状況と結びついており、それがこの後明らかにされていきます。

「群衆はパウロが行ったことを見て、声を張り上げ、リカオニア語で『神々が人間の姿をとって、私たちのところにお下りになった』と言った。そして、バルナバをゼウスと呼び、パウロがおもに話す人だったことから、パウロをヘルメスと呼んだ。すると、町の入口にあるゼウス神殿の祭司が、雄牛数頭と花輪を門のところに持って来て、群衆と一緒にいけにえを献げようとした。」　（一一〜一三節）

リステラの町の人々は、パウロが足の不自由な人を歩けるようにしたのを見て、「こんなことができるこの人たちは、人間の姿をとった神さまだ！」と騒ぎ始めたわけです。リステラを含む小アジア地方では、ギリシア神話の神々が人の姿をとって訪れるという民間信仰が根強く息づいていたと言われます。彼らは、旅人としてこの町を訪れ、今までに聞いたことのないことを語り、生まれつき足の不自由な男を歩けるようにしてみせたパウロとバルナバを見て、この二人こそがギリシアの神々であるとして、年長者であったバルナバをゼウス神、パウロをそのスポークスマンであるヘルメス神として崇めはじめ、ゼウス神殿の祭司たちまでもが、いけにえを献げようとするなど、町を挙げての大変な騒ぎに発展します。

パウロたちの伝道旅行の様子を見ると、訪れた先で歓迎を受けることはほとんどありません。むしろ、多くの場合、人々から敵意をむき出しにされ、追い出され、中には石を投げつけられて町の外に引きずり出されたことさえありました。それを思うと、この場面は異例です。勘違いに基づいているとはいえ、神さま扱いされ、いけにえを持って来られ、人々から崇め奉られたのですから、不謹慎ながら、もしかするとまんざらでもなかったのかも？　などと思ってしまいます。

しかし、パウロたちはリステラの町の人々に向かって「どうしてこんなことをするのですか。私たちもあなたがたと同じ人間です」（同一五節）と毅然（きぜん）として言い放ち、彼らの振舞いを止めたのでした。

リステラの人々が抱いていた宗教心、それは結局のところ、人間が造り上げた神々に仕え、いけにえをささげ、そこにさまざまなご利益を求め、目に見える物質的な繁栄を見いだし、そのために必要と思われることに熱心に取り組む、そのような宗教心でした。だからこそパウロは、ただ自分たちが語る福音のことばに耳を傾けたあの足の不自由な男の中に、「癒やされるにふさわしい信仰」を見いだしたのでした。それは自分たちが神を造り上げるのとはまったく対照的に、造り主にして癒やし主なる神にまったく身をゆだねる、受け身の存在としての姿でした。

こうして、空虚な偶像礼拝に生きるリステラの人々に対して、パウロはこう語りかけるのでした。


「このような空しいことから離れて、天と地と海、またそれらの中のすべてのものを造られた生ける神に立ち返るように、福音を宣べ伝えているのです。」

（一五節）


このリステラの町の騒動を、私たちは笑うことができるでしょうか。むしろ人の手で造り上げた偶像を拝み、ご利益を求め、災いが起こると先祖のたたりだと言っては過去に縛られ、何か良いことが起こるとゲンを担いだり、縁起を担いだり、家を建てるといえば方角が気になり、子どもに名前をつけるといえば画数が気になり、何か事を為そうと思えばその日が大安吉日かを気にし、そうしてさまざまなものに縛られ、不自由さの中に支配されて生きているのが私たちの実情ではないでしょうか。

こうしてみると、現代といえども、足下を一枚めくればさまざまな因習に縛られ、絡め取られている私たちの現状は、リステラの町の人々の姿とほとんど変わりがないと思うのです。けれども、聖書はそのような生き方は空しいと言い切ります。そして、人によって作り出された神ではなく、この世界を造り、私たちのいのちを今日も支えておられる生ける神に立ち返って生きよ、と私たちに迫ってくるのです。

創造の神の摂理の御業

天地万物をお造りになった創造主なる神は、この造られた世界をよしとし、喜びの場所となさいました。そして、そこに存在するすべてのものに、意味と目的を与えてくださいました。神はこの世界を創造した後、この世界を自然の法則に丸投げにし、放置するようなことはなさいませんでした。むしろ、この造られた世界に対して今も慈しみとあわれみを施し、深い愛に基づくさまざまな配慮を与え続けていてくださいます。この神のあわれみ深い配慮によって私たちは今日も生かされているのです。このように、神が創造された世界を今もその御手をもって治め、守り、支え、養い、導いていてくださる働きを指して、「神の摂理」と呼びます。

「神の摂理」と聞くと、ある人は、神が私たちの事情にはおかまいなしに、すべてのことをあらかじめ決めてしまっていると感じます。私たちが何をどう願おうとも、神の決めたことには抗いようがなく、ただ神が敷いたレールの上を進んでいくほかないと思ってしまいます。神を私の人生を好き勝手に操る暴君のように思ったり、あるいは機会的な運命論、宿命論のように考えてしまったりするのです。

しかし、神の摂理とは決してそのようなものではありません。この点を、宗教改革の教会が大切にしてきた信仰のことばで確かめておきたいと思います。一六世紀のドイツ、プファルツで作られたハイデルベルク信仰問答の第二七問を読みます。

問　神の摂理について、あなたは何を理解していますか。

答　全能かつ現実の、神の力です。それによって神は天と地とすべての被造物を、いわばその御手をもって今なお保ちまた支配しておられるので、木の葉も草も、雨もひでりも、豊作の年も不作の年も、食べ物も飲み物も、健康も病も、富みも貧困も、すべてが偶然によることなく、父親らしい御手によってわたしたちにもたらされるのです。

（『ハイデルベルク信仰問答』吉田隆訳、新教出版社）

神の摂理とは「全能かつ現実の、神の力」、すなわち生けるまことの神が、今、この時に、全能の力をもって働いていてくださるということ、そして、父親らしい御手によって私たちを慈しみ、私たちにすべて良きものをお与えくださること、それが神の摂理なのです。

私はこれまで何度も繰り返しハイデルベルク信仰問答を読んできました。教会の夕拝で説教もし、祈禱会で解説もし、それらをまとめて本として出版もしました（『ハイデルベルク信仰問答を読む——キリストのものとされて生きる』いのちのことば社、二〇一七年）。こうして全一二九問を繰り返し読み続けてきて、もっとも深く心に響くのがこの二七問と続く二八問です。

しかしながら、今日も働かれる神の父親らしい御手の働きとしての摂理ということを繰り返し学んでいても、時にさまざまな思いが心の中に湧き上がってきます。神は創造と摂理の神だと教理的に正しく知っていたとしても、現実に私たちが信仰をもって歩む中では、「それでは神はどうしてこんなことをなさるのか、どうしてこんなことを許されるのか」と問わざるを得ないような出来事も起こってくるわけです。それらをなんとか神の摂理という教えの中に位置づけようとするのだけれども、どうしても位置づけしきれない、収まりきらない、私たちの中に納得のいかない思い、さまざまな問いが残ることがあるのです。社会に起こる出来事も、人生に起こる個人的な出来事も、いずれにしても「摂理」というだけでは消化しきれないような経験があります。神は父親らしい御手によって私たちを慈しんでくださると信じていればなおさら、「どうして」と問わざるを得ないような経験をさせられるのです。

二〇一四年九月、広島市で起こった豪雨による大規模土砂災害の現地を訪ね歩きました。山が崩れ、大量の土砂が山の上から押し寄せて、泥とがれきによって押し潰された家や車、何ともいえない汚泥の臭い、二〇一一年の東日本大震災の時の経験が思い出されて仕方がありませんでした。津波によって押し流され、押し潰されたあの光景と同じような町の姿を目の当たりにし、どうしてこのようなことがまた起こるのか、どうして再びこんな悲惨なことになってしまったのか。そのようなことを問う気持ちが沸々と湧き上がってきました。

広島から帰って数日後、今度は福島県に行く機会がありました。東京電力福島第一原発の北に位置する南相馬市から中通りの郡山市を目指して車で走りながら、途中で飯舘(いいだて)村を通過しました。飯舘村といえば、震災の後に高い放射線量が計測された「ホットスポット」として知られた地域です。震災前は、美しい緑に囲まれた自然豊かな場所で、原発の交付金によらずに「飯舘牛」というブランド牛を育て、それによって町興(おこ)しをしたという、ひとつのモデルになるような村と言われていました。その飯舘村の綺麗な山道を車で走ると、一番に目に飛び込んできたのは、あちらこちらに立てられた「除染作業中」というのぼりでした。作業員の人々が山肌をショベルカーで崩し、「フレコンバッグ」と呼ばれる黒い袋にその表土を入れ、「〇〇マイクロシーベルト」と記し、その袋があちらこちらのフェンスで覆われた区画に山のように積み上げられている光景を目の当たりにし、そんな除染作業が続く現場のすぐ近くの小学校の校庭では、無邪気に走り回る子どもたちの姿を見て、「これは大変なことだな」と思わずひとり言をつぶやいていました。

あの広島の土砂災害の光景、あの飯舘村の除染作業中の光景を前にして、「神の創造と摂理を信じる」と単純に言えない自分と向き合わせられます。「神の父親らしい御手」を信じ切ることのできない自分がいることに気づかされます。あらためて「神の創造と摂理を信じる」とはどういうことなのか、そのような問いが湧き上がってくるのです。

ハイデルベルク信仰問答の続く第二八問にはこうあります。

問　神の創造と摂理を知ることによって、わたしたちはどのような益を受けますか。

答　わたしたちが逆境においては忍耐強く、順境においては感謝し、将来についてはわたしたちの真実な父なる神をかたく信じ、どんな被造物もこの方の愛からわたしたちを引き離すことはできないと確信できるようになる、ということです。なぜなら、あらゆる被造物はこの方の御手の中にあるので、御心によらないでは動くことも動かされることもできないからです。

先の第二七問に「木の葉も草も、雨もひでりも、豊作の年も不作の年も、食べ物も飲み物も、健康も病も、富みも貧困も、すべてが偶然によることなく、父親らしい御手によって私たちにもたらされる」とあったように、一六世紀ヨーロッパにおいては自然との共存は避けられない現実であり、そこでどう自然と調和しながら生きていくかに、人間たちはさまざまな知恵を傾けていました。それでも天候次第で豊作の年もあれば、不作の年もある。冷害や長雨、害虫の影響で作物の収穫は大きく左右される。疫病が流行れば家畜のいのちはもちろん、人間のいのちも奪われていきます。そのような自然の圧倒的な力を前にして、人々は自分たちの無力さを思い知りながら生きてきました。

しかし、いつの間にか私たちは自然に対抗する世界観を持つようになり、自然の力すら人間の手でコントロールできるかのような錯覚に陥り、おごり高ぶりの中を生きるようになってしまいました。

神の摂理を信じるとは、すべては神の御手の中にあり、その神のもとで与えられる順境では感謝し、逆境においては忍耐強く生きる、神がすべてを治めておられるという現実を前にして、私たちはそれを享受する存在であるという基本的なわきまえ、謙虚さを繰り返し教えられていく営みでもあるのでしょう。

そして、将来については「真実な父なる神をかたく信じ、どんな被造物もこの方の愛からわたしたちを引き離すことはできない」と確信する。「神さま、どうしてですか」と問わざるを得ないような過酷な現実のただ中に身を置きながら、それでも神は私たちを、あらゆるものが引き離すことができないほどの愛の中で守り、治め、保ってくださるお方と信じ、この神の愛の御手にどこまでもしがみついていく。このような神との交わり以外に私たちの生きる道はないと決断することでもあるのです。

父の御手を信じて

神を父なるお方として信じ、この父の御手の中に私たちは握られており、その御手からは誰も私たちを引き離すことができないと信じる信仰。この父なる神と私たちとを、仲保者イエス・キリストが結び合わせていてくださると信じる信仰。この信仰に立つ以外に、私たちはこの地上に起こる苦しみを受け取る手段はどこにもないのだと思います。

それでもなお「主よ、どうして」という問いは残ります。けれどもその問いもまた、私たちを愛してやまない父なる神だからこそ、真正面から問いかけることを許してくださる問いなのではないでしょうか。

私たちがすべての出来事の意味を、つまびらかに知ることはできません。私たちにもおも隠されていることはあるでしょう。しかし、それをもってしても、私たちを父なる神の愛から引き離すことはできないのです。それほどの愛の中に私たちが握りしめられている。そこで私たちは「創造と摂理」の神を信じ受け取ることができるのです。

ハイデルベルク信仰問答とほぼ同時代に作られた「ベルギー信仰告白」（一五六一年）の第一三条には、こう記されています。

「この慈愛に富んでおられる神は、すべてのものを創造された後、被造物を決して偶然や運命に委ねられず、御自身の聖なる意思に従って支配しまた導かれる、とわれわれは信じる。……しかし、神がそのようにして行われることは、人の思いを超えており、そのことについてわれわれの理解の及ぶところを超えて、好奇心を抱いてさらに尋ねようとは思わない。……神が御自身の言葉によって教えておられることを学ぶだけで十分であって、その限界を超えていこうとは思わない。……この教えは言い表し難い慰めをわれわれに与える。神はまことに父らしい配慮をもってわれわれのために目を覚ましておられ、すべての被造物を従えておられる。その結果、神はすべてを数えておられるから、われわれの頭の髪の毛一本も、また一羽の雀も、御父の御心でなければ、地に落ちることはできない。そのことで、確かにわれわれは完全な安らぎをえる。すなわち、神が悪魔とすべての敵を制御しておられるので、神の許しと御心なしにわれわれを害することはできないことを確信している。」

（『改革教会信仰告白集』「ベルギー信仰告白」大崎節郎訳、教文館）

すべてのことの意味を知ることのできない私たち。しかし、私たちが知っていることがある。それは、神はわれらの父なるお方であり、私たちを慈しみ愛そうとしておられるお方であるという事実です。その神の御手の中に私たちは握られているのであり、その確かさを私たちは疑うことができません。

私たちの人生に起こるすべてを、ただちに感謝して受け取ることはできないかもしれません。しかし、すべては神の御手の中にあり、その外にあるものは一つもないことを信じて、私たちは創造と摂理の神に信頼していく。この確かさを今一度受け取っていきたいと思うのです。

創造の神は、確かな生ける御手、力強く慈愛に満ちた御手をもって今日も私たちを支え、守り、生かし続けていてくださる愛と恵みに満ちたお方です。だからこそ私たちは、「逆境においては忍耐強く、順境においては感謝し、将来についてはわたしたちの真実な父なる神をかたく信じ、どんな被造物もこの方の愛からわたしたちを引き離すことはできないと確信できるようになる」のです。

天地万物を造られた神は、それを今も保ちたもう神であり、私たちに最善のものを備え、最後まで責任を負ってくださる父なる神です。この父なる神から私たちに賜わった御子イエス・キリストを信じて、父なる神に立ち返り、このお方とともに生きること、生き続けること。これが神が私たちに下さる喜びの知らせです。罪から神への方向転換、虚しい偶像礼拝から生けるまことの神礼拝への方向転換へと、人生の一歩を踏み出してまいりましょう。

8　私たちのもとに来られるキリスト

42朝になって、イエスは寂しいところに出て行かれた。群衆はイエスを捜し回って、みもとまでやって来た。そして、イエスが自分たちから離れて行かないように、引き止めておこうとした。

43しかしイエスは、彼らにこう言われた。「ほかの町々にも、神の国の福音を宣べ伝えなければなりません。わたしは、そのために遣わされたのですから。」

（ルカ四・四二～四三）

巡り、教え、宣べ伝え、癒やすキリスト

これまで繰り返し紹介してきた『青少年のためのキリスト教教理』の問一で、「キリスト教とは何ですか」との問いに対する答えは、「キリスト教とはイエス・キリストです」というものでした。確かにイエス・キリストの人格と御業を抜きにしてキリスト教信仰は成り立ちません。そこで本章からは、神の御子、私たちの救い主であるイエス・キリストのお姿に目をとめていきます。

「イエスはガリラヤ全域を巡って会堂で教え、御国の福音を宣べ伝え、民の中のあらゆる病、あらゆるわずらいを癒やされた。」

（マタイ四・二三）

これはマタイの福音書九章三五節でも、同様の表現が繰り返されるみことばですが、ここには神の御子イエス・キリストがどういうお方であるかが、「巡った」「教えた」「宣べ伝えた」「癒やした」という四つのことばで言い表されています。イエス・キリストは、私たちのもとにまで巡ってきてくださり、私たちに神のみこころを教えてくださ

り、私たちに喜びの知らせである福音を宣べ伝えてくださり、私たちのからだと心の病や痛み、私たちが抱えるさまざまな試練、問題を癒やしてくださるお方であること、すなわち私たちの存在の全体をまるごと救ってくださる、まことの救い主であることが表現されているのです。

マタイ、マルコ、ルカ、ヨハネの福音書を読んでいくと、福音書記者たちそれぞれの関心の置き所やその表現の仕方にはさまざまな多様さがあるものの、それでも彼らがイエス・キリストのお姿を描くにあたって、大きく二つの関心があったことがわかります。

一つは、主イエスが貧しい者や社会の底辺で生きる者、抑圧された人々や弱い立場に追いやられていた人々とともに生きたことへの関心です。取税人、罪人、遊女たち、「あんな人たちと食事をするのか」と周囲が眉をひそめるような人々の輪の中に、主イエスは平然と入っていって、彼らとともに食卓を囲み、彼らの生きる現実をともに背負い、彼らの中で生きられました。病人を癒やし、貧しい人に心をかけ、悪霊につかれた人を自由にし、ついには死者さえもよみがえらせるという力ある働きをなさいました。地上における三年あまりの公生涯を、一貫して弱き者、小さき者の傍らに寄り添って生きたのが、イエス・キリストの日常だったのです。

福音書記者たちのいま一つの関心は、主イエスの生涯の最期の一週間、とりわけその三日間に集中して向けられました。イエス・キリストの十字架の死と三日目の復活の出来事です。私たちの身代わりとなって十字架で死なれ、私たちを罪の中から救い出すために三日目によみがえったまことの救い主としてのイエス・キリストのお姿を描くことが福音書記者たちの関心事でした。

小さき者、弱き者とともに生きたイエス・キリストのお姿と、十字架と復活を通して私たちの贖いを成し遂げてくださったイエス・キリストのお姿。福音書は主イエスのこの二つの姿を焦点にして書き記されているといってもよいのです。

その後のキリスト教の歩みを辿ってみると、この二つの関心、二つの焦点を切り離し、それぞれ一方の姿だけを大きくクローズアップしたイエス像を造り上げようとする歴史があったことがわかります。前者だけが強調されていくとき、身をもって愛の模範を示した人、「理想の人間像」というイエス理解が強まっていきました。その結果、愛を実践した人間イエスの生き方に倣(なら)って、社会的弱者とともに生きることこそが、この地上に神の救いを実現することだというメッセージが発信されることになりました。

このような立場はかつて「社会的福音」と言われ、社会の不正を正すこと、抑圧された弱者たちを解放することこそが主イエスが伝えた福音の教えであるとされ、社会の働きに深く関わることが強調された時代もありました。しかしそのことによって、福音を宣べ伝えるという教会の固有な務めが弱められていく事態を招くことにもなったのです。

他方、後者だけを強調していくとき、ともすると主イエスの救いを人間の心の内側のことだけに限定し、その小さな領域に主イエスの福音を押し込めてしまうことが起こりました。主イエスの救いはもっぱら人間の心の問題に矮小化され、この世の現実にはさほど関心をもたずに、どんな悪がはびこっていようが、不正が満ちあふれていようが、自分のたましいの平安だけを求めるような、極端に内面化された信仰理解が広がるということもありました。その結果、主イエスが本来もっておられたこの「世」に対するまなざしを見失うということも起こっていったのです。特に私たちもその流れに属している福音派の教会には後者の傾向が強く、救いを内面的なものに終始してしまうところがあります。

しかし、日本の教会もさまざまな経験をくぐり抜け、通らされてくる中で、変わりつつあることを感じています。その大きなきっかけの一つとして、やはりあの三・一一の出来事を挙げることができると思います。あの東日本大震災を通して、私たちは大きな問いを差し向けられ、問われることによって自分たちの聖書理解、福音理解を問い直されています。主イエスの宣べ伝えた神の国、主イエスが十字架と復活において成し遂げてくださった救いとは、私たちのからだとたましいの全体、そして神が造り、治めておられるこの被造世界の全体に及ぶ包括的なものであることを、あらためて教えられ、学び直しているのです。

巡り歩くキリスト

以上のことを踏まえながら、ルカの福音書四章四二、四三節のみことばに聞いていきたいと思います。

「朝になって、イエスは寂しいところに出て行かれた。群衆はイエスを捜し回って、みもとまでやって来た。そして、イエスが自分たちから離れて行かないように、引き止めておこうとした。しかしイエスは、彼らにこう言われた。『ほかの町々にも、神の国の福音を宣べ伝えなければなりません。わたしは、そのために遣わされたのですから。』」

地上を歩まれたイエス・キリストのお姿を、福音書記者ルカは、町から町、村から村へと福音をたずさえて巡り歩く旅人の姿として描いています。それはガリラヤからエルサレムを目指し、ゴルゴタの十字架を目指し、十字架を超えて天の御国を目指して進む旅人の姿です。神のみこころを教え、御国の福音を宣べ伝え、病の人を癒された主イエスのお姿は、まさに地上においては「人の子には枕するところもありません」（ルカ九・五八）と言われたとおり、安住の場所を持たない旅人の姿であったと言えるでしょう。

ルカの福音書四章は、主イエスの最初のガリラヤ伝道の様子が描かれている場面です。ここで群衆たちは「イエスが自分たちから離れて行かないように引き止めておこうと」しました（四二節）。これは少々意外な印象を受けます。聖書を読んでいると、このような場面に出くわすことはあまりありません。主イエスの時代もその後の使徒たちの時代も、パウロたちの伝道の時代を見ても、福音を宣べ伝えて人々から喜ばれ、町に引き止められたということはほとんど記されたことがないのです。

群衆は、主イエスが神の子、救い主だとは十分に理解していたわけではなかったようです。むしろ、その癒やしの奇跡や不思議な力への期待感があっただけだったかもしれません。いずれにしても、自分を歓迎してくれる人々の中に居続けたい、私たちであれば当然そう願うでしょう。自分が歓迎されていない場所にとどまり続けるのは居心地が悪いことですが、自分たちから離れていかないでほしい、ずっとここにいてほしいと言ってくれる場所にとどまり続けるのは心地良いことですし、あえてその場を離れようとは思わないでしょう。

しかし、主イエスはこう言われるのです。

「ほかの町々にも、神の国の福音を宣べ伝えなければなりません。わたしは、そのために遣わされたのですから。」（同四三節）

ここには主イエスの「救い主・メシア」としての自己認識、自己理解が表れています。私は油注がれたメシア、すなわち父なる神から遣わされた者である。だから、自分が行きたい場所に行き、とどまりたいところにとどまるのではなく、自分を遣わした方のみこころによって行けと言われる所に行き、とどまれと言われる場所にとどまり、また次の場所へと遣わされていくのだと、主イエスは言われるのです。同じルカの福音書一三章三三節でも、「わたしは今日も明日も、その次の日も進んで行かなければならない」と言われるとおりです。

主イエスは父のもとから遣わされた救い主です。遣わされた者には、遣わした方から託された使命、ミッションがあります。それは遣わされた者として「しなければならないこと」です。ルカ文書（ルカの福音書と使徒の働き）の一つのキーワードは、「しなければばならない」です。ギリシア語で「デイ」、英語の「must」に当たることばです。主イエスが繰り返し言われた「わたしは〜しなければならない」のもっとも印象深い用例は、ルカの福音書一九章のザアカイの救いの物語の中に出てきます。エリコの町にやってきた主イエスを一目みようと、木にまで登った取税人ザアカイに向かって、主イエスは木の下から「ザアカイ、急いで降りて来なさい。わたしは今日、あなたの家に泊まるこ、、、、、、、、、とにしているから」(五節、傍点著者)と言われました。この「泊まることにしているから」には、ギリシア語「デイ」が使われ、直訳すると「泊まらねばならない」となります。

このようにして、イエス・キリストは私たちに福音を届けるために、父なる神からゆだねられた使命を「しなければならないこと」と受け取り、そのために地上を旅して、休む暇も惜しんで人々のもとを尋ね歩いてくださるお方です。そして人々が羊飼いのない羊のように疲れ果てているのをご覧になり、深くあわれみ、救いをもたらす喜びの知らせを告げ、失われた人を捜し出して救いの中に招き入れてくださいます。そのようなまことの救い主として、今日、私たちのもとにも来てくださっているのです。

一人の人を訪ねて求めて歩く。一人の人との出会いのために出かけて行く。キリストのしもべたちは、この主イエスのお姿に倣って歩んできました。使徒の働き八章に記された、ピリポとエチオピアの宦官との出会いもまさにそうです。一人の人のためにピリポは遣わされて行ったのです。たった一人の人のためにどうしてそこまで、と思うような行動を主のしもべたちはしてきました。それは、この主イエスの姿に倣ってのことでした。

効率を求める今の時代感覚からすると、「浪費」と思われることかもしれません。一人の人のために、あれだけの時間やお金を使って犠牲を払う必要があるのかと見られるような振舞い。けれども、主イエスの示された愛は文字どおり「浪費する愛」でした。損得勘定をして無駄が出ないように収支を合わせるような、逆算した愛ではありません。どれだけ無駄になってもかまわない。どれだけそこからあふれてしまってもかまわない。どれだけこぼれ落ちてしまってもかまわない。この人を愛すると決めたら、とことん愛を注ぎ尽くす。それが主イエスの一人の人に対する愛、そして私たちに対する愛なのです。

かつて読んだ一冊の本に、すぐれたノンフィクション作家の田中伸尚さんが書いた『行動する預言者崔昌華（チォエチャンホア）――ある在日韓国人牧師の生涯』（岩波書店、二〇一四年）という書物があります。この崔先生は在日外国人の指紋押捺拒否の裁判を闘った方で、ピアニストの崔善愛さんのお父上、そして私も卒業した神戸改革派神学校の大先輩にあたります。とはいえ、それ以上のことを知らなかったのですが、この評伝を読んで大変衝撃を受けました。

この本は岩波書店の雑誌『世界』での連載が元となっています。その連載ではさまざまな人物が取り上げられていて、崔昌華牧師はそのシリーズのうちの数回分だったのですが、著者の田中さんは、崔昌華牧師のことは絶対に一冊にまとめなければならないと、崔先生だけで一冊の本を書き上げたのでした。

一九三〇年に崔先生は、今の北朝鮮で生まれます。今の北朝鮮の平壌近郊はかつて「北のエルサレム」と呼ばれるほどクリスチャンがたくさんいる地域でした。その後、日本の植民地支配の時代に神社参拝強制などクリスチャンたちへの大迫害が起こります。その時代にすでに朝鮮半島から強制的に日本に連れて来られ、自分たちの名前もことばも奪われて、北九州の炭鉱などで強制労働に従事させられた人たちが大勢いました。やがて戦争が終わり、日本による朝鮮半島の支配から解放されたのもつかのま、今度は朝鮮戦争が勃発します。その動乱の中、崔先生は北から南に逃れ、さらに日本にやって来ました。その後、日本で大変な苦労をしながら神学校へ行き、牧師となり、牧会伝道とともに、在日朝鮮・韓国人の人権回復のために、文字どおり身を粉にして働き、激烈な生涯を駆け抜けていったのです。私は、崔先生の生き様に圧倒されるような思いで、この本を読み進めました。

　その中で圧巻だったのが、一九六八年二月に起こった金嬉老（キムヒロ）事件の際の出来事でした。これは韓国出身の金容疑者が、ライフル銃を持って十数人を人質に、静岡の温泉旅館に三日ほど立てこもった事件です。このとき、崔先生は九州の小倉で牧師をしていました。そして、この立てこもりのニュースを見たときに、自分が行ってこの人を説得しなければならないと直感的に思い立ち、小倉から犯人の立てこもる静岡まで、説得のために出かけて行ったのです。自ら立てこもり犯のもとに出向いていって、丸二日間、金嬉老と差し向かいで説得し、彼が幼少の時からどれほど差別を受けてきたのか、真摯に話を聞き、人質に危害を加えることや、自ら死を選び取ることを思いとどまらせたのでした。民族差別を受けて苦しむ同胞を思い、一人の牧師としていても立ってもいられずに現地に向かうその姿に、私はキリストの愛に突き動かされた人の姿を見たのです。

捜し出し、救い出すキリスト

　イエス・キリストは、私たちを捜し求めて、私たちのところにまで来てくださるお方です。見つかるまで何度も足を運び、見つけ出すためにはどんな犠牲も惜しまないお方として、私たちのところに来てくださいます。

ルカの福音書一五章一節以下は、失われた者を捜し出し、救い出すために私たちのもとに来られるイエス・キリストのお姿が、大変印象深いたとえ話を通して描き出されるところです。まず一つ目のたとえを見ておきましょう。


「あなたがたのうちのだれかが羊を百匹持っていて、そのうちの一匹をなくしたら、その人は九十九匹を野に残して、いなくなった一匹を見つけるまで捜し歩かないでしょうか。見つけたら、喜んで羊を肩に担ぎ、家に戻って、友だちや近所の人たちを呼び集め、『一緒に喜んでください。いなくなった羊を見つけましたから』と言うでしょう。」

（一五・四〜六）


ここには、失われた一匹の羊を捜す羊飼いの、破格の愛にあふれた姿が描かれています。旧約以来、愛なる神のお姿は、しばしば羊飼いにたとえられました。私たち人間は、その羊飼いによって養われる羊として描かれています。

ここで私たちが覚えたいのは、いなくなった〝一匹の羊〟が特別なのではなく、一匹の羊が〝いなくなった〟という現実が特別なのだということです。いなくなった羊が羊飼いの特別にお気に入りで、他の羊とは違ってとても秀でたところがあったから、他の九十九匹の羊よりも惜しんで捜しに行ったという話ではありません。羊飼いにとって、自分の羊である百匹みんなが大切なのです。なのに、そのうちの一匹がいなくなってしまった。九十九匹いるから一匹くらいいなくなっても、またすぐ新しい羊が生まれるからいいや、という話ではありません。自分の大切な羊の一匹がいない。その現実が羊飼いにとっては、いてもたってもいられないことだったのです。だから羊飼いは、ほかの羊を置いてまで捜しにいくのです。

常識的にこの箇所を読むと、九十九匹の羊を野に残していくほうが危ないではないか、と思うわけです。しかしこの羊飼いの愛は、失われた一匹を捜すとき、そのようなことはどうでもよくなってしまうほど破格の愛でした。九十九匹と一匹どっちのほうが大切か犠牲が多いか、そのような計算を一切しないのです。たとえどの羊であっても、自分の羊が失われたのならば、その羊を捜し出すためにどんな犠牲も厭(いと)わない。それが羊飼いの羊に対する愛なのです。

二つ目のたとえは、一枚の銀貨を捜す女性の話です。

「また、ドラクマ銀貨を十枚持っている女の人が、その一枚をなくしたら、明かりをつけ、家を掃いて、見つけるまで注意深く捜さないでしょうか。見つけたら、女友だちや近所の女たちを呼び集めて、『一緒に喜んでください。なくしたドラクマ銀貨を見つけましたから』と言うでしょう。」（一五・八～九）

先の羊飼いのたとえが捜し求める〝愛〟に力点が置かれたのに対して、今度は捜し求める〝熱心さ〟に力点が置かれます。彼女は一枚の銀貨を捜し出すために、「明かりをつけ、家を掃いて、見つけるまで注意深く」捜した、とあります。そして、ついにそれを発見した際には、先の羊飼い同様、その喜びを近所の人々とともに喜ぶのでした。

ここに描き出される、失われた羊を捜し出して救い出す羊飼い、そして銀貨を捜し出して見つけ出す女の姿、それこそが私たちを捜し出し、救い出すために来てくださったイエス・キリストのお姿にほかならないのです。

私たちのもとに来られるキリスト

ここに語られた二つのたとえ話。百匹のうちの一匹の羊と十枚のうちの一枚の銀貨。それぞれ違いはありますが、共通しているのは失われたものを捜し出した持ち主が「見つけましたから、一緒に喜んでください」と、周囲にいる人々を喜びの中に巻き込んでいる点です。

これも冷静に考えてみると、隣人から「羊一匹、銀貨一枚を見つかったから一緒に喜んでください」と突然に言われても、多くの場合は自分には関係ないと思うことでしょう。しかし一人の人が見つけ出されるとき、天において大きな喜びがあり、地上にあっても大きな喜びがあるのです。失われた者が捜し出され、発見される喜びとはまさにそのようなものなのだと、主イエスは私たちに伝えてくださっているのです。

それで、それぞれのたとえ話の結論はこうです。

「あなたがたに言います。それと同じように、一人の罪人が悔い改めるなら、悔い改める必要のない九十九人の正しい人のためよりも、大きな喜びが天にあるのです。」（七節）

「あなたがたに言います。それと同じように、一人の罪人が悔い改めるなら、神の御使いたちの前には喜びがあるのです。」（一〇節）

イエス・キリストは私を見つけ出し、捜し出そうと、あらゆる犠牲を惜しまず、あらゆる熱心さを傾けて、私たちのもとに来てくださいました。そして、私たちを見つけ出したら、「見つかった！　よかった！」と、大いに喜んでくださいます。それは主イエスお一人の喜びにとどまらず、天においても大いなる喜びの歓声がわき起こっているというのです。

あなたが見いだされることが、天における大いなる喜びである。主イエスは今日も、この私を、そしてあなたを見つけ出すため、捜し出すために、あきらめずに何度でも足を運び、どこまでも進んで行かれる。まさに、あなたのもとにイエス・キリストは来られるのです。

続くルカの福音書一九章で取税人ザアカイと出会ったイエスさまは、「わたしは今日、あなたの家に泊まることにしているから」と言ってザアカイの家に入られます。その主イエスをザアカイは喜んで家に迎え入れました。このザアカイに向かって主イエスは、「今日、救いがこの家に来ました」と言われました。イエス・キリストが私たちのもとに来てくださったこと。それが、救いが私のもとに来たということなのです。

この方と一緒に生きれば、どんなことがあったとしても、私たちは何も恐れる必要はありません。キリストが私のところに来てくださった。その事実を握りしめることによって、私たちはこの人生を丸ごと主にゆだねることができます。主イエスは私たちのもとに来てくださいました。「あなたを見つけた」と言って、あなたと出会えたことを心から喜んでくださいます。たかが羊一匹だからと見捨てはしない、銀貨たった一枚だからとあきらめはしない。ご自分のいのちを差し出してまで得たいと思うほど尊い存在として、私たちを捜し出し、救い出してくださいます。

「あなた一人、いてもいなくても変わらない。」

日々の生活の中で、このようなことばにさらされることがあるでしょう。自分自身でも、自分がここにいることに意味はあるのか、自分一人いようがいまいが、誰もそんなことに気づきはしないし、世界は何も変わらないのでないか、と問うこともあるでしょう。しかし主イエスは、私たちをそのように扱うことは決してなさいません。

どれほど自分が小さく、つまらなく、愚かな存在に思えても、主イエスはその私を捜し出すために、測り知れないほどの犠牲を払われました。そうしても惜しくないと思うほどの愛を、思うだけでなくその身をもって、十字架という形で表してくださいました。このあなたを捜し求めてやまない神の愛の中に身を置く幸いを、ぜひ受け取っていただきたいと願っています。

9　十字架のキリスト

32ほかにも二人の犯罪人が、イエスとともに死刑にされるために引かれて行った。33「どくろ」と呼ばれている場所に来ると、そこで彼らはイエスを十字架につけた。また犯罪人たちを、一人は右に、もう一人は左に十字架につけた。34そのとき、イエスはこう言われた。「父よ、彼らをお赦しください。彼らは、自分が何をしているのかが分かっていないのです。」彼らはイエスの衣を分けるために、くじを引いた。35民衆は立って眺めていた。議員たちもあざ笑って言った。「あれは他人を救った。もし神のキリストで、選ばれた者なら、自分を救ったらよい。」

36兵士たちも近くに来て、酸いぶどう酒を差し出し、37「おまえがユダヤ人の王なら、自分を救ってみろ」と言ってイエスを嘲った。38「これはユダヤ人の王」と書いた札も、イエスの頭の上に掲げてあった。

39十字架にかけられていた犯罪人の一人は、イエスをののしり、「おまえはキリストではないか。自分とおれたちを救え」と言った。40すると、もう一人が彼をたしなめて言った。「おまえは神を恐れないのか。おまえも同じ刑罰を受けているではないか。41おれたちは、自分のしたことの報いを受けているのだから当たり前だ。だがこの方は、悪いことを何もしていない。」42そして言った。「イエス様。あなたが御国に入られるときには、私を思い出してください。」

（ルカ二三・三二～四三）

福音としての十字架、つまずきとしての十字架

イエス・キリストを信じるとはどういうことなのか。シンプルな問いであると同時に、深い問いでもあります。信仰の世界は単純、素朴でありつつ、同時に複雑で奥深いものでもあるのです。

ハイデルベルク信仰問答の第二一問に、次のようなことばがあります。

問二一 まことの信仰とは何ですか。

答 それは、神が御言葉においてわたしたちに啓示されたことすべてをわたしが真実であると確信する、その確かな認識のことだけでなく、福音を通して聖霊がわたしのうちに起こしてくださる、心からの信頼のことでもあります。それによって、他の人々のみならずこのわたしにも、罪の赦しと永遠の義と救いとが神から与えられるのです。それは全く恵みにより、ただキリストの功績によるものです。

「まことの信仰とは何か」と問う。裏返して言えば、一六世紀の時代、「まことの信仰」とは呼べない「信仰」と言われるものがあったようです。この信仰問答の執筆者のひとり、ウルジヌスという神学者は、聖書の記述を単に歴史的なこととしてのみ認める「歴史的な信仰」、初めは喜んで受け入れても、迫害や困難が起こると離れていってしまう「一時的な信仰」、超自然的な奇跡にのみ目を奪われる「奇跡的な信仰」などを紹介しています。

これに対して、「まことの信仰」とはイエス・キリストへの「確かな認識」と「心からの信頼」と言われます。イエス・キリストを知り、この方に心から信頼し、依り頼んで行く。私たちを捜し出し、見つけ出すために人となってこの地上に来てくださった神のひとり子イエス・キリスト。このお方について行けば間違いがない、このお方こそ自分の人生の確かな拠り所であると信じて疑わない。それが「まことの信仰」と言われるものでしょう。

イエス・キリストに対して、どうしてそこまでの信頼を置くことができるのか。その根拠となるのが、イエス・キリストが成し遂げてくださった贖いの御業、すなわち十字架と復活です。主イエスが十字架に死に、そして、よみがえってくださった。この主の十字架と復活の出来事こそが、私たちにもたらされた喜びの知らせの中心にあるものです。そしてこの出来事がほかならぬ私のためであったと信じ受け入れるときに、イエス・キリストにある新しい歩みが始まっていきます。

ことばで説明して言えば、まことにそのとおりのことなのですが、しかしイエス・キリストを「信じる」とは、実際に具体的には何をどうすればよいことなのか、そもそも信じるとはどういうことなのか、「信じるだけでよい」と言われれば言われるほどに、かえって難しさを感じておられる方もいることでしょう。

イエス・キリストが歴史の中に実在しておられたことを信じる。病人を癒やし、貧しい者を助け、虐げられた人々とともに生き、歩まれたイエス・キリストを尊敬し、理想とし、その生き方に倣おうとする決断は、もしかするとできないことではないかもしれません。しかし、あの二千年前のイエス・キリストの十字架の死が私の罪のためであり、私の身代わりであったと信じる。しかも、十字架の死の後、三日目に死者の中からよみがえって、私のためにまことのいのちを勝ち取ってくださった方であると信じる。こうなってくると、もはや常識を超えた出来事であり、それを信じるというのは決して容易なことではありません。

それだけに、イエス・キリストの十字架とは「つまずき」でもありました。それは今の時代だから感じる「つまずき」かというと、そうではありません。いつの時代にも、主イエスの十字架は人々にとっては大きな「つまずき」であり、そう簡単に信じ、受け入れることはできないものでした。パウロがコリント人への手紙第一でこう言っているとおりです。

「十字架のことばは、滅びる者たちには愚かであっても、救われる私たちには神の力です。」（一・一八）

「それゆえ神は、宣教のことばの愚かさを通して、信じる者を救うことにされたのです。」（同二一節）

「私たちは十字架につけられたキリストを宣べ伝えます。ユダヤ人にとってはつまずき、異邦人にとっては愚かなことですが、ユダヤ人であってもギリシア人であっても、召された者たちにとっては、神の力、神の知恵であるキリストです。」（二三〜二四節）

イエス・キリストの受難の出来事を記すルカの福音書二三章には、十字架を前にした人間たちのさまざまな反応が記されます。

「民衆は立って眺めていた。議員たちもあざ笑って言った。『あれは他人を救った。もし神のキリストで、選ばれた者なら、自分を救ったらよい。』」（ルカ二三・三五）

「見ろ、あそこに十字架に掛かったあわれな人がいる」と、民衆は主イエスを遠まきにして眺めています。ユダヤ人の指導者、兵士たちは、「もし神のキリストで、選ばれた者なら、自分を救ったらよい」と主イエスを嘲ります。主イエスの十字架が、まさか自分たちの罪の身代わりだなどとは誰も思ってもいません。

私たちが聖書を読むとき、傍観者のように、評論家のように、第三者のようにして、遠くからただ眺めるようにしていることはできません。本来聖書とは、私たちが自分とは関係のない他人事のように読み過ごせる書物ではありません。むしろ、聖書の中に自分自身の姿を見ることになる。聖書を通して自分自身と向き合うことを迫られるような書物です。

しかしながら、私たちはしばしば十字架の場面を遠くからただ眺めてしまっている。傍観者のように、評論家のように、特に心を痛めることもなく、とりたてて何かを感じることもなく、ただ遠い昔に遠いところで起こった一つの悲劇的な出来事として済ませています。あるいは主イエスを嘲ったユダヤ人指導者や兵士たちのように、主イエスの十字架が惨めな敗北、自称「神の子」のあわれな顚末の出来事であるかのように、冷ややかに十字架の前を通り過ぎてしまうのです。十字架の場面にはさまざまな態度を取る人々が次々に登場してきますが、そこに私たちは自分自身の姿を見ることになるのです。

「きみもそこにいたのか」と黒人霊歌が歌うように。

十字架の主イエスの傍らに

さらに主イエスの十字架に近づいていくと、そこで私たちは十字架の両側にいる二人の犯罪人の姿を見ることになります。

「十字架にかけられていた犯罪人の一人は、イエスをののしり、『おまえはキリストではないか。自分とおれたちを救え』と言った。」
（ルカ二三・三九）

「すると、もう一人が彼をたしなめて言った。『おまえは神を恐れないのか。おまえも同じ刑罰を受けているではないか。おれたちは、自分のしたことの報いを受けているのだから当たり前だ。だがこの方は、悪いことを何もしていない。』」
（同四〇～四一節）

一人の犯罪人は主イエスに向かって悪口を言い、反対側にいたもう一人の犯罪人は主イエスに対する信仰を言い表す。この場面を読むと、私たちは後者の犯罪人のほうをついひいき目で見がちです。やむにやまれぬ事情があって罪を犯したのではないか？　もともとはそれほど悪い人ではなかったのではないか？　などなど。しかしそれは聖書が沈黙していることです。

　はっきりしていることは、彼らは二人とも十字架刑を受けるほどの重い罪を犯したということです。十字架刑とは極刑であり、それほどまでに重い罪を犯したわけです。しかし、そんな彼らが主イエスを傍らにして対照的な姿を示すのです。

　そこでなぜこの人は「この方は、悪いことを何もしていない」と言ったのか。彼の内面についても聖書はつまびらかにしません。これは私の想像ですが、彼は十字架上の主イエスの傍らにあって、そのお姿に罪を赦す大いなる愛を見たのではないかと思います。それは嘲りや罵り（ののし）りの声を投げかけていく人々のために主イエスが祈られた、あの祈りを聞いていたからなのではないかと思うのです。


「父よ、彼らをお赦しください。彼らは、自分が何をしているのかが分かっていないのです。」（同三四節）

　私は、この主イエスの十字架上での祈りは、ただ一回きりのものではなかっただろうと考えます。むしろ人々から嘲られ、罵られ、つばきを吐きかけられる、そのたびごとに主イエスは「父よ、彼らをお赦しください」、「父よ、彼らをお赦しください」と、繰り返し人々のために赦しを祈ってくださったのではないでしょうか。そしてこの犯罪人は、主イエスが繰り返し祈るその祈りをそば近くで聞きながら、まさしくその祈りは自分のための祈りであると受け取ったのではないか。そしてそこに、罪の赦しを与えてくださる罪なき神の子のお姿を見たのではないでしょうか。

イエス・キリストは私たちの罪を赦すために、神の子としてのあらゆる特権をかなぐり捨て、神の御座から立ち上がり、私たちのもとに飛び込んで来てくださいました。十字架とは、まさに神の愛の極みの姿でした。このイエス・キリストにおいてどんな罪も赦されることが、このひとりの犯罪人の姿を通して私たちの前に示されています。いくらイエス・キリストの十字架をもってしても、私のあの大きな罪、あのひどい過ち、あの消してしまいたいような過去を洗いきよめることはできないのではないか、と思う方があるかもしれません。しかし、はっきりと申し上げておきたいと思います。イエス・キリストの十字架によって赦されない罪は何一つありません。「御子イエスの血がすべての罪から私たちをきよめてくださいます」（Iヨハネ一・七）とあるとおりです。

そしてここから、ひとりの犯罪人の生涯の大逆転が始まります。地上の人生についていえば、彼はこの後、ほどなくして終わりの時を迎えようとしています。しかし神の御前における人生でいえば、ここから新しい歩みが始まろうとしているのです。主イエスとの出会いはまことに不思議なもので、地上の人生を残り時間と関わりなく、いつからでも、どこからでも、主イエスとの出会いを果たしたその地点から、主イエスとともに生きる新しい歩みが始まっていく。「いまさら無理」、「もう手遅れ」ということはないのです。

彼は言います。

「イエス様。あなたが御国に入られるときには、私を思い出してください。」

（四二節）

これが、彼が言うことのできた精いっぱいのことばでした。ある人は思うかも知れません。「『私を思い出してください』とはなんと消極的なことばか」と。「この期に及んだら、思い切って『私を赦してください。私を救ってください。私をあなたのもとにお連れください』と言ってしまえばよいのに。」しかし、彼にはそんなことは言えなかったのでしょう。彼は自分が犯した罪の重さをほんとうに深く知っているのです。傷つけた人がいる。悲しませた人がいる。今も痛みを担い、傷が疼き続けている人がいる。自分のせいで。そんな自分が今さらどうして「赦してください、救ってください」などと言えるだろうか。そんなことは決して言えない。自分は自分の罪の償いもできない、罰せられて当然の存在であり、赦されることなど期待してはいけない。十字架の死は自分が受けるべき当然の報いだ。

しかしそんな彼が十字架の傍らにいる主イエスに出会い、その赦しの愛に触れたとき、彼のうちに大きな変化が起こります。そして心の内からあふれ出て、主イエスに向かって言えた精いっぱいのことばが「私を思い出してください」でした。これが彼の信仰告白だったと私は確信しています。

このことばを言えたその時から、彼の人生は大きく方向転換を始めます。

「イエスは彼に言われた。『まことに、あなたに言います。あなたは今日、わたしとともにパラダイスにいます。』」（四三節）

「私を思い出してください」と言った彼に向かって、主イエスは「あなたは今日、わたしとともにパラダイスにいます」と言われた。「まことに」とは「アーメン」ということばです。確かな救いの約束のことばを、主イエスは彼に与えてくださったのです。

「あなたは今日、わたしとともに。」ここにはキリスト教信仰の本質が表現されています。イエス・キリストが私とともにいてくださると信じる。これが信仰です。私たちが正しく、品行方正で、善に勤しみ、高い倫理をもって歩んでいるそのときに、ということでなく、むしろもっとも罪深く、惨めで、後悔と呵責に苦しみ、それでいて自分では何の償いもできないような姿でいるときに、主イエスは私たちとともにいてくださって、「あなたは今日、わたしとともにパラダイスにいます」との約束を与えてくださるのです。もし「何か一つ善行を積んだら、何か一つ償いをしたら」と条件を付けられたらどうだったでしょうか。そのたった一つのことすら彼はできません。なぜなら彼は十字架の上にいるからです。しかしそんな彼の傍らにあって同じ十字架の上におられるイエス・キリストが「あなたは今日、わたしとともにパラダイスにいる」と言ってくださる。ここに私たちを救ってくださるイエス・キリストの愛のお姿が表れています。

私のための十字架のキリスト

イエス・キリストを信じるとは、イエス・キリストの十字架がほかならぬ「私のため」であったと信じることです。主イエスは今日も、「わたしを信じ、わたしに信頼しなさい」と私たち一人一人を招いてくださっています。

それでも、なかなか信じられない、信じる決断ができない私がいます。信じていても迷ったり、疑ったり、信じる心が揺らいだりする私がいるのです。しかし、そこで覚えておきたいのは、この信仰を与えてくださったのはイエス・キリストご自身だということです。私が自分で選び取ったわけでも、自分で見つけ出し、勝ち取ったわけでもないのです。「この恵みのゆえに、あなたがたは信仰によって救われたのです。それはあなたがたから出たことではなく、神の賜物です」（エペソ二・八）と言われるとおり、信仰は神が賜物として与えてくださった恵みです。そして「聖霊によるのでなければ、だれも『イエスは主です』と言うことはできません」（Ⅰコリント一二・三）とあるように、信仰告白は聖霊が与えてくださるものなのです。

十字架は残酷で、悲惨で、恥辱にまみれた刑です。人々の前で無様な格好をさらし、侮蔑の視線の中で、致命傷を与えられないまま放っておかれ、苦しみもだえながら絶命していく。そして亡骸は時には獣に食いちぎられたり、鷲などからつつかれたり、ボロボロになって朽ちていくのです。しかし、そんな十字架で人々の前に惨めな姿をさらすことを主イエスは甘んじて引き受けてくださいました。神の御子がみずから、私たちが味わったことのない悲惨をその身に負い、神ののろいと裁きを身に受けてくださったのです。なぜそこまでのことをなさるのか。それは「私たちのため」だと、ガラテヤ人への手紙三章一三節は言っています。

「キリストは、ご自分が私たちのためにのろわれた者となることで、私たちを律法ののろいから贖い出してくださいました。『木にかけられた者はみな、のろわれている』と書いてあるからです。」

しかし、これほどの愛が表された主イエスの十字架を信じた私たちであるのに、しばしば主イエスの十字架を恥じて、それを隠してしまう。なんと恩知らずな者なのでしょうか。

パウロはコリント人への手紙第一、一章の中で、イエス・キリストの十字架を宣べ伝えることは愚かなことと見られる歩みだと述べます（一三節参照）。二章一、二節には、この十字架の福音を宣べ伝えたパウロの心からのことばが記されています。

「兄弟たち。私があなたがたのところに行ったとき、私は、すぐれたことばや知恵を用いて神の奥義を宣べ伝えることはしませんでした。なぜなら私は、あなたがたの間で、イエス・キリスト、しかも十字架につけられたキリストのほかには、何も知るまいと決心していたからです。」

パウロがこのように記した背景には、すでに見た、使徒の働き一七章のアテネ伝道の経験がありました。アテネといえば当時最高峰の学問の町であり、人々は目新しい思想や教えを聞くことで日々を送っていたのです。そのアテネの人々に対して、パウロも自分の知恵の限りを尽くして福音を語りました。しかし、このメッセージのクライマックスであるイエス・キリストの十字架と復活に話が及ぶと、それまで興味津々に聞き耳を立てていた人々の反応が一気に白々しくなり、彼らは「そのことについてはいずれまた」と言い、パウロを嘲りながら去って行ってしまったのです。

アレオパゴスでの伝道説教は成果があったのか、なかったのか。成功だったのか、失敗だったのか。評価はなかなかむずかしいところです。しかしコリント人への手紙を読む限り、この時の経験はパウロの中に大きな傷となって残ったようです。しかし、それはパウロにとっては一つの大きな決心、はっきりとした覚悟を決めさせる経験でした。パウロは一章二三節で「私たちは十字架につけられたキリストを宣べ伝えます」と語り、二章二節で「私は、あなたがたの間で、イエス・キリスト、しかも十字架につけられたキリストのほかには、何も知るまいと決心していた」と語るのです。逆説的なことですが、このアテネでの経験を経て、パウロはイエス・キリストの十字架の福音への確信をますます深めていったことがわかります。

キリストを信じて生きていく。それは、ある意味で「愚か」と言われる道を選び取ることでもあります。そして、特にこの国でキリスト者として生きていくことには、いろいろな困難、障害、戦いがあります。あえて狭い道を選び取ることもあるでしょう。キリスト者として生きることには必ず何らかの戦い、何らかの困難がついて回ります。そしてこれからの時代、キリスト者として生きることの困難さは増していくことでしょう。牧師として信仰を導き、洗礼を授けるときにも、そのような困難な道であることを隠して、ただ「信じたらいいことがありますよ」などと無責任に言うことはできません。キリスト者になるにはそれなりの犠牲もいるし、それなりの覚悟もいる。面倒ごとも増えるかもしれないし、恥をさらすことがあるかもしれない。でも、私は申し上げたい。それだけの犠牲を払ってでもあまりある祝福が、イエス・キリストのもとにはあるのです。

キリスト者になったら、ありとあらゆるご利益宗教を上回る利益が与えられるというわけではありません。地上のことで言えばむしろマイナスのほうが残ることが、おそらく多いかもしれません。主イエスの弟子たちを見てもそう思います。主イエスを信じたら、人生万事うまくいきましたというような成功談は聖書には記されていません。むしろ主イエスを信じたがゆえに、この地上では「愚か」と見られる歩みをし、時にはキリストの名のゆえに辱めをうけ、時には迫害にまでさらされることがありました。

　しかし、神の国の視野でプラスマイナスを計ると必ずプラスが残るのです。「私たちを愛してくださった方によって、私たちは圧倒的な勝利者です」（ローマ八・三七）とさえ聖書は言うのです。

　地上のいのちを超えた、まことのいのちを生きる幸い。地上のものを必要以上に恐れない勇気。地上のものでは絶対に得ることのできないまことの自由。そしてなんといっても死を超える望みの中で生きることができる。それも「今日」、そのいのちに生きることができるのです。これがキリストの十字架によって与えられるまことのいのちです。ですからこの方にあって、完全なる罪の赦しを受けて、まことの自由なる人生を歩み始めていただきたいと切に願うのです。

　またすでにキリスト者として生きている方々は、みことばに聞くたびに、また主の晩餐にあずかるたびに、あらためて新しい確信をもって主の食卓に臨んでいただきたい。惰性でなく、習慣でなく、私はこの主イエスの十字架のいのちによって今、生かされているのだという喜びと確かさを味わっていただきたいのです。

パウロはローマ人への手紙五章八節でこう言っています。

「しかし、私たちがまだ罪人であったとき、キリストが私たちのために死なれたことによって、神は私たちに対するご自分の愛を明らかにしておられます。」

「まだ罪人であったとき」、イエス・キリストは十字架で愛を示してくださいました。この主イエスと出会うとき、「あなたは今日、わたしとともにパラダイスにいる」というみことばが、私たちの人生の中に実現していきます。「今日」とは、ルカの福音書が強調することばの一つです。「いつか」「やがて」ではなく、「今日」、主イエスは私たちを十字架によって、罪赦されて生きるいのちに招いておられます。そして「今日」、この主イエスとともなる歩みが始まるのです。救いを「今日」とお迫りになる主は、救いの恵みを「今日」、私たちに与えてくださるお方なのです。

「見よ、今は恵みの時、今は救いの日です。」

（Ⅱコリント六・二）

10　復活の主と生きる

12ところで、キリストは死者の中からよみがえられたと宣べ伝えられているのに、どうして、あなたがたの中に、死者の復活はないと言う人たちがいるのですか。

13もし死者の復活がないとしたら、キリストもよみがえらなかったでしょう。

14そして、キリストがよみがえらなかったとしたら、私たちの宣教は空しく、あなたがたの信仰も空しいものとなります。

15私たちは神についての偽証人ということにさえなります。なぜなら、かりに死者がよみがえらないとしたら、神はキリストをよみがえらせなかったはずなのに、私たちは神がキリストをよみがえらせたと言って、神に逆らう証言をしたことになるからです。

16もし死者がよみがえらないとしたら、キリストもよみがえらなかったでしょう。

17そして、もしキリストがよみがえらなかったとしたら、あなたがたの信仰は空しく、あなたがたは今もなお自分の罪の中にいます。

18そうだとしたら、キリストにあって眠った者たちは、滅んでしまったことになります。

19もし私たちが、この地上のいのちにおいてのみ、キリストに望みを抱いているのなら、私たちはすべての人の中で一番哀れな者です。

20しかし、今やキリストは、眠った者の初穂として死者の中からよみがえられました。

（Ⅰコリント一五・一二～二〇）

復活の信仰の確かさ

牧師として主と教会に仕える務めを果たす中で、特に大切な務めとしてゆだねられているものの一つに、臨終の場での看取りということがあります。地上の生涯を終えていこうとする人の傍らに寄り添って、魂の配慮を行い、祈りつつ御国に送り出すことは、牧師の最大の務めと言ってよいほどのことかもしれません。

私自身もこれまでの伝道者生涯の中で、多くの方々を天に送ってきました。ある方は長い闘病の末に、ある方は突然の思いがけない出来事によって。ある方は人生の十分な締め括りとともに、ある方はまだ始まったばかりのような若い日に。家族も悲しみの中でも充分やるべきことを果たしたという思いの中で見送ることもあれば、誰も彼もがその出来事を受けとめきれないまま突如のように取り去られるということもありました。最後まで信仰の証しを立てていかれた方もあれば、臨終の床で救いにあずかっていった方もおられます。

そんなさまざまな臨終の場に立ち会い、看取りを繰り返す中で、私自身が経験させられてきたのは、天の御国の約束とやがてのよみがえりの希望が与えられていること、肉体の死をもって終わりではなく、死を超えたところに生きる望みが与えられていること、この復活の信仰が、どれほど慰めに満ちたものであり、確かな拠り所であるかということです。

神の子どもとされた者たちは、「わたしはあなたとともにいる」と言われる主イエス・キリストに結び合わされて、このお方とともに生きる人生に招き入れられました。しかも私たちの罪の身代わりとなって十字架に死なれ、三日目に復活された主イエスは、愛する者たちに「見よ。わたしは世の終わりまで、いつもあなたがたとともにいます」（マタイ二八・二〇）、「わたしは決してあなたを見放さず、あなたを見捨てない」（ヘブル一三・五）とおっしゃってくださいました。

主は私たちとともにいてくださる。それは、単に地上の日々だけのことではありません。むしろ地上の生を終えたところにあって、復活されたイエス・キリストとともにいさせてくださる。私たちには「永遠のいのちを信ず」（使徒信条）、「来るべき世のいのちを待ち望む」（ニカイア・コンスタンティノポリス信条）と言い表すことのできる確かな希望が与えられているのです。

キリスト教信仰とは、私たちが生きている間にのみ関わるものではありません。私たちはやがて「死の時」を必ず迎えます。若い人であろうが、年を重ねた人であろうが変わりありません。いつ、どのタイミングで来るかわからないけれど、私たちは必ず「死」の問題と向き合うわけです。そして多くの場合、その死の力の中に呑み込まれてしまいます。死の力を前にしてある人は狼狽し、落胆し、ある人は嘆き、悲しみ、ある人は開き直り、刹那的な生き方に陥る。死の力は私たちの前に大きく立ちはだかるものです。

しかし、イエス・キリストは死の力を超えて、私たちになお生きる望みを与えてくださいます。「喜びの知らせ」としての福音の持つ、もっとも大きく確かな力があります。イエス・キリストのよみがえりを信じる私たちは、このイエス・キリストに結ばれているがゆえに死を超えて生きる望みが与えられ、やがては復活の祝福にあずかる者とされる。ここに福音の真髄があるのです。復活の信仰がどれほど私たちの地上の日々を肯定し、力強く生かすものとなるのか。キリスト教信仰の醍醐味はキリストの復活にあることを、ぜひ知っていただきたいと思います。

「死人がよみがえるなんて、ほんとうにそのようなことをまともに信じているのか」と、訝しく思う方も多いことでしょう。復活がキリスト教信仰の醍醐味であるとともに、十字架と並ぶ大きなつまずきでもあることも事実です。主イエスの語ったことば、なさったわざ、愛の教え、その愛に生きた姿。これらを受け入れることはできたとしても、そして主イエスの十字架の死が事実であることを受け入れることはできたとしても、主イエスが三日目によみがえられたとなると、とてもそこまではついていけない。それはきわめて常識的で当然の反応です。

かつて古い時代、さまざまな迷信や因習を素朴に信じて生きていた人々には、死人の復活を信じることもさほど難しいことではなかったのではないか、などと考える人がいますが、それは昔の人に失礼な話で、主イエスの十字架の死の後、復活が起こったその時からもうすでに、復活は受け入れられないことであり、むしろ大きなつまずきでした。

使徒パウロはコリント人への手紙第一、一五章で、キリストの復活の確かさと、その復活によって約束されたキリストにある者たちの復活の希望について、次のように語ります。

「キリストがよみがえられなかったとしたら、私たちの宣教は空しく、あなたがたの信仰も空しいものとなります。」（Ⅰコリント一五・一四）

キリスト教信仰からイエス・キリストの復活を抜いてしまったら何が残るのか。何も残らない。宣教は空しく、信仰も空しい。実質のない空虚なものだとパウロは言っているのです。

人々につまずきになるなら復活を取り下げればよい。そのほうが多くの人々に受け入れてもらいやすい。こうして「復活抜き」のキリストが語られた時代もありました。しかしその結果残ったものは、もはや福音とはほど遠いものだったのです。それほど教会の信仰にとって、キリストの復活とは決定的な出来事であり、キリスト教信仰を支える屋台骨のようなものなのです。

もし復活がなかったらすべては空しいと語ったパウロは、それどころか起こってもいない復活をあたかも起こったかのように語ることで、「神についての偽証人ということにさえ」なってしまうと言います。宣教も信仰も空しいというのは、論理上の帰結という次元にとどまりません。復活がなければ私たちの救いもない。そうであれば私たちは死の恐れに呑み込まれ、何の慰めも希望もなく、死に向かって敗北の行進を続けるばかりになってしまいます。こうパウロが言うとおりです。

「もしキリストがよみがえらなかったとしたら、あなたがたの信仰は空しく、あなたがたは今もなお自分の罪の中にいます。そうだとしたら、キリストにあって眠った者たちは、滅んでしまったことになります。もし私たちが、この地上のいのちにおいてのみ、キリストに望みを抱いているのなら、私たちはすべての人の中で一番哀れな者です。」

（同一七〜一九節）

死は私たちに向かって圧倒的な現実として迫ってくるものです。しかし聖書は、はっきりと御子イエス・キリストの復活の事実を語り、しかもそれが私たちに希望と慰めを与えると語っています。

復活の信仰がもたらす益

主イエスの復活がもたらす希望と慰め。それは「キリストにあってすべての人が生かされる」という約束です。

「しかし、今やキリストは、眠った者の初穂として死者の中からよみがえられました。死が一人の人を通して来たのですから、死者の復活も一人の人を通して来るのです。アダムにあってすべての人が死んでいるように、キリストにあってすべての人が生かされるのです。」（Ⅰコリント一五・二〇～二二節）

イエス・キリストが十字架上で死なれ、三日目によみがえられた復活の出来事は、ただそれだけで完結する一つの出来事ではない、とパウロは言います。それは「初穂」です。つまりキリストの復活は最初のものであって、後に続くものがあることを意味します。主イエスの復活のいのちにあずかって、キリストにあってすべての人が生かされるようになるというのです。

ローマ人への手紙五章が論じるように、最初の人アダムにより人類に死が入り込み、人は生まれながら罪人としてこの地上に生を受けるようになりました。しかし「第二のアダム」であるキリストによって、今度は死に打ち勝ついのちが私たちのもとにもたらされました。キリストにあるすべての人が、このキリストのよみがえりのいのちに生かされるのです。

復活の出来事を否定はできない、かといってそのまま鵜呑みにもできない。その間をなんとか合理的な説明で結びつけようとする考えもあります。しかし復活の事実性をどのように証明できるかという議論に終始してしまうと、復活の信仰が持つ祝福の世界の大きさを見失わせることになってしまうでしょう。キリストの復活があるからこその私たちの希望です。

パウロはコリント人への手紙第一、一五章一二節からの議論で「もし死者の復活がないとしたら」、「もしキリストがよみがえらなかったとしたら」と、「もし」という仮定のことばを繰り返します。それはパウロがキリストの復活について半信半疑でいることを意味するわけではありません。私たちの「もし」は、「そうでなかったら」という不確かさを含むものですが、ここでの「もし」は、むしろ復活の確かを際立たせるための表現です。「そうでなかったら、などということはあり得ないけれども、あえて、もしキリストがよみがえらなかったとしたら」と言いつつ、パウロが最も確かなこととして語るのが二〇節です。「しかし、今やキリストは、眠った者の初穂として死者の中からよみがえられました。」

パウロはなぜ、ここまではっきりと言い切れるのでしょうか。パウロは主イエスの復活を目撃したのでしょうか。十二使徒のように復活の主イエスにお会いし、トマスのように手足の傷跡を実際に見たのでしょうか。残念ながらパウロは十字架の場面に立ち会っていないし、復活の主イエスと出会ってもいないし、その傷跡を見てもいません。それなのに、なぜパウロは主イエスの復活をここまで確信をもって語ることができるのでしょうか。

パウロにとっての主イエス・キリストとの出会いの経験、それはあのダマスコへの途上で、「サウロ、サウロ、なぜわたしを迫害するのか」と語りかけられた復活の主イエスとの邂逅(かいこう)にありました。それは、パウロの人生を文字どおりまったく新しく作りかえるほどの出来事でしたが、パウロが探し求め、尋ね求め、行き着いたものではなく、むしろイエス・キリストからもたらされたものでした。この復活の主との出会いの経験が、パウロのうちに揺らぐことのない復活の信仰を植え付けたのでしょう。
ハイデルベルク信仰問答の第四五問では、「キリストの『よみがえり』は、わたしたちにどのような益をもたらしますか」と問います。「益（利益）」を問うのは、この信仰問答の重要な特色です。とりわけ私たちの死と永遠のいのちにかかわる問答のときに、「益」を問う問答が登場します。ここでは復活の益を三つにまとめて説明しています。

「第一に、この方がそのよみがえりによって死に打ち勝たれ、そうして、御自身の死によってわたしたちのために獲得された義にわたしたちをあずからせてくださる、ということ。第二に、その御力によってわたしたちも今や新しい命に呼びさまされている、ということ。第三に、わたしたちにとって、キリストのよみがえりはわたしたちの祝福に満ちたよみがえりの確かな保証である、ということです。」

ここでは復活がもたらす益が、「すでになされたこと」すなわち過去のこと、次に「今なされていること」すなわち現在のこと、そして「これからなされること」すなわち未来のこと、この三つの局面で説明されています。
第一の「すでになされたこと」（過去）とは、主イエスが十字架で死んでよみがえってくださったことにより、私の死の問題を解決してくれたということです。第二の「今なされていること」（現在）とは、主イエスの復活によって私たちも「今や新しい命に生き返らされている」。つまり主イエスの復活のいのちは、今、私を生かしているということです。私たちは「永遠のいのち」を、死後のこととして考えがちです。しかし私たちはこの地上で生きながら、同時に「今」すでにキリストにある永遠のいのちを生き始めていると、この信仰問答は教えています。そして第三の「これからなされること」（未来）とは、キリストの復活がやがての時に迎える私たちの復活の保証であるということです。私たちは必ず死を迎えますが、やがてキリストにあってよみがえらされる。この希望が、確かな約束に基づいた日々を生きる力、日常的で具体的な力となって私たちに及んでくるのです。

私たちは「死」を意識することによって、「今日」という日の価値を深く知ることができます。「終わり」を知るがゆえに、生かされている日々を、主体的に、能動的に、積極的に生きる者とされていきます。そして与えられた日々、時間、託されたものを用いて、忠実に、誠実に生きていく人生に対する態度がかたちづくられていきます。こうして私たちの地上の日々の営みが、「終わり」から照らされる光の中で、意味あるものとして、価値あるものとして生かされていくのです。「生きている」ことから「生かされている」ことへと生き方の構えが転換されていく。いつもこの身に死の現実を帯びながら、しかし死を超えて生きるいのちをキリストのよみがえりのいのちから与えられ、そのいのちによって一日一日を生かされていく。キリストの復活のよみがえりのいのちは、私たちを生かす確かな拠り所なのです。

見当たらない喜び

ルカの福音書二四章には、主イエスの十字架の出来事から三日目の日曜日の朝、墓を訪れた女たちの姿が描かれています。そこでは墓がからっぽで主イエスの亡骸が「見当たらなかった」（三節）と途方に暮れる女たちに、御使いが近づいてこう語ったというのです。

「彼女たちは恐ろしくなって、地面に顔を伏せた。すると、その人たちはこう言った。『あなたがたは、どうして生きている方を死人の中に捜すのですか。ここにはおられません。よみがえられたのです。まだガリラヤにおられたころ、主がお話しになったことを思い出しなさい。人の子は必ず罪人たちの手に引き渡され、十字

架につけられ、三日目によみがえると言われたでしょう。』」　（五～七節）

十字架で死なれた主イエスはここにはおられない。なぜなら主イエスはよみがえられたからだ。これが御使いの答えです。「誰かに盗まれた」とか「墓を間違えた」などと人間が想像するような可能性には一切触れず、当然のことのように「よみがえられたのです」と答えるのです。人間にとってはあり得ないようなこの驚くべき出来事が、神にとっては当然の出来事として起こったところに、キリスト教信仰の拠って立つ土台が固く据えられたのです。

ここで私たちは「見当たらなかった」と、「捜す」ということばの意味するところを考えておきたいと思います。ルカの福音書が好んで用いるテーマの一つに「捜す、見つかる」という形式があります。一五章や一九章がその代表例です。そして、それと同じテーマがここにも現れているのです。一五章に出てくる迷子の一匹の羊を捜す羊飼い、失くした銀貨を探す女性、放蕩息子の物語という三つのたとえ、そして一九章のザアカイの救いの出来事には「発見の喜び」という主題があることを学びました。どの箇所でも共通しているのは、捜すのは神であり、捜されるのは失われた人間です。そして、やがてついに人は神によって見つけられる。そこには天における大いなる喜びが湧き上がるのでした。発見の喜びの物語です。

しかし、主イエスの復活の場面ではそのテーマがひっくり返るのです。つまり、女性たち（人間）が「捜す」けれども、主イエス（神）は「見つからない」、そして「ここにはおられない」となるのでした。捜すのは人であり、捜されるのはイエス・キリストです。神が人を捜すことにおいては「見つかる」ことが喜びなのですが、人が神を捜すことにおいては「見つからない」ことが喜びとなっている。なぜなら、私たちの神は死せる者の神ではなく生きている者の神であり、私たちを生かすための永遠のいのちを賜わる神だからです。そのお方を死人の中に捜しても、見つけることはできません。主イエスは「わたしはよみがえりです。いのちです。わたしを信じる者は死んでも生きるのです」（ヨハネ一一・二五）と仰せになるお方なのです。

今私たちが生きている時代を見わたすと、政治の混乱、経済の格差、教育や福祉の貧困、民族主義の台頭、人種や性の差別、宗教の対立、国家間の紛争、テロや暴力などさまざまの問題が吹き出しています。それらの背後に厳然としてあるのは、「死」の闇の力です。死の力に取り憑かれ、死の霊によって支配されつつある時代を、私たちは迎えているのです。そのような社会の現実の中で、私たちがよみがえりの主イエスを信じて生きるとはどういうことなのか。それは、私個人の死の問題をどう乗り越えるのかというテーマであることは確かですが、しかしそれだけにとどまるものではありません。むしろこの世界に対して死の力を突破する復活の喜びこそ、語り伝えなければなりません。主イエス・キリストの復活をまともに信じる教会として、望みなく生き、死に急ぐ時代の中にあってなお生きることを力強く肯定し、また具体的に生きる希望と力をより高らかに宣言していかなければなりません。死の力に抗い、闇の力を振り払っていかなければなりません。主イエス・キリストの復活を信じることは、「生きる」ことそのものを肯定する、究極の力なのです。

毎日、つらく苦しい日々を生きる現実があります。明日が来なければいいのにと思うような時があります。しかし、それでもなぜ私たちは生きるのか。それは「もはや私が生きているのではなく、キリストが私のうちに生きておられるのです」(ガラテヤ二・二〇)という、キリストのいのちが私のうちに息づいているからです。この地上のいのちを超えて生きる永遠への希望。そのキリストのいのちを信じて生きることは、死に向かって生きる人々に対して、「生きる」ことへ向きを変えさせる一番の力となっていくのです。「生きる」ことを肯定する福音が私たちに差し出されています。この喜びに生きる幸いを受け取ってまいりたいと思います。

11

神の子どもとされる幸い

12ですから、兄弟たちよ、私たちには義務があります。肉に従って生きなければならないという、肉に対する義務ではありません。13もし肉に従って生きるなら、あなたがたは死ぬことになります。しかし、もし御霊によってからだの行いを殺すなら、あなたがたは生きます。14神の御霊に導かれる人はみな、神の子どもです。15あなたがたは、人を再び恐怖に陥れる、奴隷の霊を受けたのではなく、子とする御霊を受けたのです。この御霊によって、私たちは「アバ、父」と叫びます。16御霊ご自身が、私たちの霊とともに、私たちが神の子どもであることを証ししてくださいます。17子どもであるなら、相続人でもあります。私たちはキリストと、栄光をともに受けるために苦難をともにしているのですから、神の相続人であり、キリストとともに共同相続人なのです。

（ローマ八・一二〜一七）

罪の赦しをめぐって

私たちの教会の信仰の大事な出発点となった出来事に「宗教改革」があります。教会は毎年十月三十一日を「宗教改革記念日」として覚え、その意義を再確認し続けています。

宗教改革とは一五一七年十月三十一日、ドイツはザクセン州のヴィッテンベルクの町の中央にあった城教会の大学掲示板に、修道士であったマルティン・ルターが公開討論を呼びかける「九十五箇条の提題」を掲げたことから始まったものです。この提題の中身を一言で言うならば、「罪の赦しの権威」はいったい誰にあるのか、というものでした。当時のローマ・カトリック教会は贖宥状（しょくゆうじょう）制度、もう少し聞き慣れたことばで言うと「免罪符」を買うことで、罪の赦しが得られるという制度を行っていました。教会は司祭を各地に派遣し、説教させ、罪の赦しを求めて来た民衆に贖宥状を次々と売りつけるということをヨーロッパ中で行っていたのです。

これに対してルターは、「罪の赦しをお金で買う」ことがほんとうに聖書に基づいた教えなのかどうか、聖書に基づいて論じ合おうと呼びかけたのです。当時発明されたばかりの活版印刷技術の発展とも重なって、次々とルターのことばや文書が印刷され、ドイツ各地はもとよりヨーロッパ全土に広がって、世界史な出来事となっていきました。

現代はＳＮＳやメールなど、さまざまな情報ツールがありますが、一六世紀のヨーロッパも通信社会でした。手紙、印刷物、小冊子などが多く出版され、人々の間を行き交うようになりました。それによって小さなひとつの町で起こった出来事が、ヨーロッパ全土に影響と感化を及ぼしていくようになったのです。

教会の言い伝えや聖人の遺物など、聖書以外のいっさいのものに権威を置かない「聖書のみ」、誰もが神の御前に直接に罪の赦しを求めることができ、またそれを受けることができるとする「万人祭司」、そして救いは人の行いによるのでなく、ただ主イエス・キリストを信じる信仰によるという「信仰のみ」。これらの確信をもって、ローマ・カトリック教会に袂を分かって立ち上がった教会が生まれます。カトリック教会に

「抗議（protest）」する者たちということばから生まれた「プロテスタント教会」の成り立ちです。

喜びの知らせとしての福音の中心が、イエス・キリストの十字架と復活にあることを学んできました。十字架がなければ、復活がなければ、私たちの救いは成り立たない。十字架抜き、復活抜きの福音はあり得ない。それほどまでに、イエス・キリストが成し遂げてくださった救いの御業は決定的なものです。

イエス・キリストによる救いとは何か。これこそがまさに宗教改革の中心テーマでした。ルターが罪の赦しの権威をめぐって、ローマ教会を向こうに回しての論争に挑んだのも、突き詰めれば〝救いとは何か〟〝どうしたら私が救われるのか〟〝神の怒りから免れるのか〟という切実な問いがあったからなのです。聖書が教える救いとは、創造から終末にいたる神の大いなるみこころの完成という視野のもと、罪ある人間が神の御子イエス・キリストの十字架と復活によって罪赦され、神の怒りとさばきを免れ、神の御前に無罪を宣告され、罪なき者と認められ、聖なる者とされていくことです。それは単なる個人的な領域にとどまるものでなく、むしろこの聖なる者とされた者たちによって、神のみこころがこの地に実現し、神の国が建て上げられていくことにあります。

この大きな神の救済のストーリーの中で、神の国の建設、形成にたずさわる大事な役割を与えられているのが、救われて神の子どもとされた者たちなのだと聖書は語ります。

「肉においての生」から「霊における生」へ

この消息を語るのがローマ人への手紙です。この書はプロテスタント教会にとって決定的な書物といえるでしょう。もちろん聖書六十六巻すべて大切です。しかし教会が歩んできた歴史の中で、ローマ人への手紙はある決定的な役割を果たしてきました。ルターが福音の再発見を遂げたのは、ローマ人への手紙の釈義と研究の成果であり、カルヴァンがジュネーヴ教会で行った最初の聖書講解はローマ人への手紙であり、日本でいえば内村鑑三の『ロマ書の研究』が代表的な著作であり、二〇世紀最大の神学者カール・バルトも、ザーフェンヴィルの牧師館の庭で取り組んだ著書『ローマ書』が、当時のヨーロッパ世界の中に閃光のような鋭い影響をもたらしたと言われます。こうしてその時代ごとに大きな影響力を与えた書物が、ローマ人への手紙なのです。

そのローマ人への手紙八章で、パウロは罪ある人間が神の子どもとされていく消息を語ります。

「ですから、兄弟たちよ、私たちには義務があります。肉に従って生きなければならないという、肉に対する義務ではありません。もし肉に従って生きるなら、あなたがたは死ぬことになります。しかし、もし御霊によってからだの行いを殺すなら、あなたがたは生きます。神の御霊に導かれる人はみな、神の子どもです。」
（ローマ八・一二〜一四）

パウロはここで、罪の中にある人間の姿を「肉に従って生きる」と言い、キリストにあって生かされている人間の姿を「御霊に導かれる人」と言います。パウロが「肉」と言うとき、それは古い罪の中にあった私たちの姿を指しており、これに対して、キリストにあって新しくされた私たちは神の御霊に導かれる人だというのです。さらに「神の御霊に導かれる人はみな、神の子ども」と言っています。そして「神の子ども」に対応するのが「罪の奴隷」です。このような対比の中で、パウロはかつて罪の中にいた私たちと、いまやイエス・キリストによって神の子どもとされた私たちとを対照的に描き出しているのです。

かつての私たちは肉に属し、肉に従って生きていた。そのとき、自分では自分の好きなように生きていたつもりであったけれど、実際にはまことに不自由きわまりない罪の奴隷だったというのです。ガラテヤ人への手紙五章一九節から二一節では、肉に従う生き方が次のように言われます。

「肉のわざは明らかです。すなわち、淫らな行い、汚れ、好色、偶像礼拝、魔術、敵意、争い、そねみ、憤り、党派心、分裂、分派、ねたみ、泥酔、遊興、そういった類のものです。」

こういう生活を心から好きこのんで、喜んで送っているという人は少ないかもしれません。「こんな生活はいやだ、こんな生き方はたくさんだ」と思いながら、それでも欲望に負け、したくない罪を犯し、そんな自分に自己嫌悪がつのり、もう抜け出そうと決心し、それでもやはり欲望に負け、罪を犯し……、その堂々めぐりから抜け出すことができず、開き直ってさらに罪の深みに入り込んでいくか、あるいは自暴自棄になって自分を傷つけていくか。結局のところは、自分の力ではどうしようもなく、罪に対してまったく無力な自分自身の姿に気づかされていく。まさに「罪の奴隷」というほかないのが、私たちの姿なのではないでしょうか。

しかし、そんな私たちの罪を赦し、罪の奴隷の状態から解放し、まことの自由の中へと解き放ってくださったのが、イエス・キリストによる救い、十字架と復活による贖いです。「もうだめだ」とあきらめてしまわなくてよい。「どうせ自分は変わらない」と開き直ることはない。あなたは変わることができる。奴隷の状態から抜け出すことができる。それがイエス・キリストが差し出してくださる救いです。そのことを聖書は私たちに、何度も繰り返し語っているのです。

しかもその救いは無償で、ただ恵みによって与えられる。罪の赦しをお金で買うのではない。善行を積み上げて勝ち取るのではない。救いにあずかるのは私が成し遂げる何かしらのものによるのではなく、ただ神の主権的で自由な愛、私を愛してやまない父なる神の愛、ひとり子イエス・キリストを賜わるほどに私たちを愛してやまない父の愛のゆえなのです。それでローマ人への手紙八章一五、一六節ではこう言われます。

「あなたがたは、人を再び恐怖に陥れる、奴隷の霊を受けたのではなく、子とする御霊を受けたのです。この御霊によって、私たちは『アバ、父』と叫びます。御霊ご自身が、私たちの霊とともに、私たちが神の子どもであることを証ししてくださいます。」

「今週は調子がいいから、救われているような気がする」「今週は失敗だらけで、誘惑にも負けてばかりだから、救いの効力が目減りしているように感じる」などということはないのです。いつ神さまに捨てられるか、いつ救いが取り消されるのかといつも脅えているような「奴隷の霊」ではなく、「神の子ども」とされたのです。私が神の子どもとして生きる者となるために、神の御子がご自分のいのちを差し出してくださった。私を奴隷の状態から解放するために、私の身代金をそっくり肩代わりしてくださった。この主イエス・キリストの贖いによって私たちが神の子どもとされることのしるしが洗礼(バプテスマ)です。ガラテヤ人への手紙三章二六、二七節は言います。

「あなたがたはみな、信仰により、キリスト・イエスにあって神の子どもです。キリストにつくバプテスマを受けたあなたがたはみな、キリストを着たのです。」

こうして神の子どもとされたと言われても、自分ではまったくそのように思えない。洗礼は受けたけれど、自分は何も変わっていないとさえ思える。こんな自分が神の子どもだと言ってしまっていいのだろうか。それでもなお自分が神の子どもだと言える確かさはどこにあるのか。そんな悩みを抱えることがあります。切実な悩みです。そのときにどれほど自分の内側をのぞき込んでみても、確かさの根拠を見いだすことはありません。では、いったいどうすればよいのか。私が神の子どもとされている確かさ。それは洗礼を受けているという事実であり、洗礼によって聖霊による証印が押されているということである。これが聖書の語るところです。エペソ人への手紙一章一三、一四節にこう語られます。

「このキリストにあって、あなたがたもまた、真理のことば、あなたがたの救いの福音を聞いてそれを信じたことにより、約束の聖霊によって証印を押されました。聖霊は私たちが御国を受け継ぐことの保証です。このことは、私たちが贖われて神のものとされ、神の栄光がほめたたえられるためです。」

イエス・キリストを信じ、洗礼を受けたということは、聖霊によって「あなたはキリストのもの、あなたは神の子となった」という証印、その中身を保証する確認の印を押されたことを意味しています。神が私たちを受け取ってくださったという領収印といってもよい。誰かが、あるいは自分の心の声が「そんな生き方でよく救われているとか、神の子どもだとか言えたものだ」と責め立てても、「確かに、こんな自分では救いは取り消しなのではないか」と落胆し、「こんな自分では神さまから見限られても当然。もう神の子どもなどと呼ばれる資格はない」と思っても、それでも「あなたは、わたしの愛する子だ」という神の確かさに変わりはないのです。なぜなら、あなたはもう神の子どもとして受け取られている。聖霊の証印を押されている。それほどに神の救いは確かだというのです。

子どもは成長します。生まれたところが到達点ではありません。どんなに小さく生まれても、育つペースは違っても、それでも神の子どもは成長するのです。そして、その成長の中で実を結んでいきます。ガラテヤ人への手紙五章二二、二三節にこうあるとおりです。

「しかし、御霊の実は、愛、喜び、平安、寛容、親切、善意、誠実、柔和、自制です。このようなものに反対する律法はありません。」

神の子どもとされた私たちは、少しずつではあっても確実に、御霊の実を結ぶ者として成長させられていく。これを教理のことばで「聖化」と言います。私たちの地上の歩みにおいては、「もう自分はこれが限界」「これ以上の成長は望まない」「自分はもう完成した」ということはないのです。救われた後、どれだけの年月を経てもなお、私たちはもっと神の愛の大きさを知ることができるし、神の栄光の似姿に向かって進むべき道があるのです。ですから、信仰の歩みを自分で止めてはならないのです。途上の存在として一歩一歩、着実に進んで行きたい。そのようにして、キリストにある成人となるための、成熟を目指した歩みを続けていきたいと願うのです。

神の子どもとされる幸い

罪の奴隷から神の子どもへ。それは決定的な変化です。奴隷と子どもの違いとは、失敗しても赦される、決して捨てられることがない、いろいろあっても最後にはどこからでも帰っていける、ということでしょう。それが、私たちが父の子どもとされたということです。

〝赦してもらえない〟というほど、つらいことはありません。私自身もこれまでの歩みの中で、そういう人間関係の中に置かれたことが幾度かあります。牧師なのに、相手に赦されないほどのことをしたというのもほんとうに情けなく、申し訳ないことです。どれほど償っても、どれほど謝っても、どれほど誠心誠意を示しても、相手が「赦すよ」と言ってくれなければ、こちらから相手に赦しを強いることはできない。「これだけ謝ったのだから、あなたは私を赦すべきだ」「私はあなたに赦される権利がある、資格がある」とは言えない。赦しは基本的に受け身なのです。しかしそれだけに、赦される喜びもまた、忘れられないものとなるのです。

レンブラントが美しく描いた、あのルカの福音書一五章の放蕩息子の父のもとに帰っていく姿を思い起こします。父の財産をもって飛び出していった息子。遠い国で放蕩の限りを尽くし、財産を湯水のように使い果たしたあげくに、そこからどん底に転落し、落ちぶれ、変わり果てた姿となった息子は、そこで「我に返って」「父のところに行こう」と決心し、もはや自分には子と呼ばれる資格がない、雇い人の一人にしてもらおうと思って家路に着きます。しかし父は、そんな息子が家に辿り着く前にその姿を見つけ、その汚れきった息子に自ら走り寄って抱きしめて、死んでいた息子が生きて帰って来たといって喜ぶのです。息子の喜びにまさる父の喜びこそが、この物語の中心です。

こちらはもうだめだと思っても、父はあきらめていない。もう自分は帰れないと思っても、父は今も待っている。この愛で私たちは愛されているのです。あなたの罪を赦した。もうその罪を思い出さない。もう過去の姿であなたを見ない。くどくどとあなたの罪を掘り返さない。たとえどんな罪を過去に犯したとしても、あなたがわたしの子であることに何ら変わりはない。そのためにわたしは愛するひとり子イエス・キリストを遣わし、十字架につけ、よみがえらせたのだから。――これが父なる神の私たちに対する愛です。これが私たちへの喜びの知らせです。

神の子どもとされる幸いは、御子イエス・キリストとともに父なる神から遺産相続人となることをも意味しています。

「子どもであるなら、相続人でもあります。私たちはキリストと、栄光をともに受けるために苦難をともにしているのですから、神の相続人であり、キリストとともに共同相続人なのです。」（ローマ八・一七）

ちょうど長兄がイエス・キリスト、私たちはその弟、妹のようになって父なる神の遺産を相続する権利が与えられたというのです。子どもとされただけでも十分なのに、さらに神の相続人、キリストとの共同相続人とされる。そこで受け継ぐのは、神の国の祝福です。地上の金銀財産、地位や名誉などまったく色あせてしまうほどの、どれだけの金銀を払っても足りないほどに価値ある祝福、それが神の国を受け継ぐという祝福です。

この地上にありながらこの地上を超えた神の国の祝福にあずかって生きる。そしてやがてはこの肉体の死をも超えて、神の国の完成の中を生きる永遠のいのちが与えられる。この決して失望に終わらない希望があるので、私たちはキリストと苦難をともにしていてもなおこのお方にあって生きていくことができるのです。

　これからの時代、キリストとともに生きる人生には苦難が伴います。キリストの名のゆえに苦しめられたり、辱められたり、口を封じられたり、自由を奪われたりするでしょう。しかし聖書は言います。

「こうして、私たちは信仰によって義と認められたので、私たちの主イエス・キリストによって、神の平和を持っています。このキリストによって私たちは、信仰によって、今立っているこの恵みに導き入れられました。そして、神の栄光にあずかる望みを喜んでいます。それだけではなく、苦難さえも喜んでいます。それは、苦難が忍耐を生み出し、忍耐が練られた品性を生み出し、練られた品性が希望を生み出すと、私たちは知っているからです。この希望は失望に終わることがありません。なぜなら、私たちに与えられた聖霊によって、神の愛が私たちの心に注がれているからです。」

（ローマ五・一～五）

神の子どもとされた私たちはこの希望の中を生きていく。確かに苦難はあるけれども、それさえも喜んで生きていく。神の子どもとされた幸いに比べれば、それは取るに足らない小さなことだからです。もはや奴隷ではなく自由な者として生きていく。誰の奴隷にもならず、誰にも自由を奪われず、誰をも恐れることなく、死さえも恐れることなく、神の子どもとして、自由の子どもとして、まことに恐れるべき方を恐れることによってこの道を生きていく。そういうぶれない生き方を主は私たちに与えてくださっています。

かつて一介の修道士だったルターは、ヴォルムスの国会で権力者たち、自らが属するローマ・カトリック教会を向こうにまわし、聖書一冊を握りしめて、神のことばと神の御前での良心によらなければ自分の考えを撤回することはできないとさえ言ってのけ、後に「あのとき、私が教会だった」と振り返ったと言われます。

ほんとうに恐れるべき方を恐れるとき、恐れるに足らないものを恐れないで生きる自由を得ることができる。自分がどんな姿になってもなお愛していてくれる父を知るとき、子とされた私たちはまことの自由の中を堂々と生きることができる。この神の子どもとされた幸いの中を歩んでいきましょう。神の子とされた幸いは、私たちが思っているよりもはるかに大きな祝福であり、確かな拠りどころなのです。

12　主と同じかたちに

私たちはみな、覆いを取り除かれた顔に、鏡のように主の栄光を映しつつ、栄光から栄光へと、主と同じかたちに姿を変えられていきます。これはまさに、御霊なる主の働きによるのです。

（Ⅱコリント三・一八）

「聖徒」とは誰か

宗教改革の始まりが、一五一七年十月三十一日にマルティン・ルターがヴィッテンベルク城教会の掲示板に「九十五箇条」を提示した出来事だったというエピソードをご紹介しました。なぜルターは十月三十一日を選んだのでしょうか。

調べてみますと、一五一七年十月三十一日の翌日十一月一日は、カトリック教会では「諸聖人の日」という、天に召された「聖人」たち、すなわちその生涯において大きな功績、功徳を残して「列聖」された聖人たちを記念する大切な日で、当時のザクセンの王さまが自分の持っている聖人たちにまつわるコレクションを開帳し、多くの人々がそれを見に集まって来る時だったようです。ルターとしてはなるべくたくさんの人々が集まるタイミングを見計らい、人々の注目を集めようという目論見があったのではと考える人もいるほどです。

私たちプロテスタント教会には、誰かを特別に「聖人」とする考えはありませんが、むしろ主によって生き、また主によって召されたすべての人は「聖徒」と呼ばれるにふさわしいと考えます。それでこの教会では毎年、十一月最初の主日を「召天者記念礼拝」としてささげます。この日にかぎらず、いつも思うのですが、主日の礼拝は今ここにいる私たちだけでささげているのではない。今は主のみもとにあって眠っており、やがてのよみがえりの朝を待っている聖徒たちもともに、天と地を結ぶ礼拝をここでささげているという事実です。そして、そのことを特に覚えさせられるのが召天者記念の礼拝です。

カトリック教会のような意味で、大きな善行によって功徳を積んだ人ということによらず、むしろ聖書の語る本来の意味で、彼らは「聖徒」と呼ばれるにふさわしい人々であったと言えるでしょう。旧約聖書の詩篇一一六篇一五節にこう歌われています。

「主の聖徒たちの死は　主の目に尊い。」

自分自身を省みれば、決して「聖徒」と呼ばれるような者ではないと思うのですが、キリストにあって「聖徒」と呼んでいただいているのです。新共同訳聖書では、「主の聖徒」を「主の慈しみに生きる人」と訳しています。「聖徒」とは主の慈しみに生きる人。そう言われれば確かにそうだといえるでしょう。私たちはみな、主の慈しみを受けて生かされてきたのですから。

義とされ、聖とされ

これまで数章にわたって、喜びの知らせとしての福音の中心にあるイエス・キリストによる救いの御業について学んできました。このことをもう少し丁寧に言い直してみたいと思います。

生まれながら罪の中にある私たちは、自分の力では神の御前に自らを正しい者とすることができない。どんなに努力し、善行に励んでみても、それによって神の基準に達することはできない。むしろ、したいと思う善を行うよりも、したくないと思う悪を行ってしまうと、ローマ人への手紙七章でパウロが嘆いたように、私たちには罪を繰り返し犯してしまう自分自身の弱さ、ふがいなさがあります。それほどに、私たちの心は罪へと全面的に傾いてしまっています。

しかし、父なる神はそんな私たちをあわれみ、まったく罪のないご自身の御子イエス・キリストをお遣わしくださいました。そして、そのイエス・キリストが、私の罪の身代わりとなって十字架にかかって死んでくださった。それによって神のさばきをすべてその身に引き受け、それだけでなく、死から復活することによって律法の要求をすべて満たし、罪の赦しと永遠のいのちを勝ち取ってくださったのです。さらに父なる神は御子の御霊である聖霊を私たちに送り、このキリストが勝ち取ってくださった義を私たちに与えてくださいました。そして、罪ある者であった私たちに、〝キリストの義（正しさ）〟という新しい上着を着せ、新しい人として造り替え、キリストのゆえに私を神の御前に義なる者としてくださり、神の子どもとしての祝福にあずからせてくださったのです。罪ある私が、罪赦され、新しい義なる衣のゆえに神の目には「正しい人」と認めていただける。これを教理のことばで「義認」と言います。

しかも、それらすべては私たちに恵みとして与えられました。何ら自分の行いによらず、ただこの救い主イエス・キリストを信じるだけで神の御前に義と認められ、キリストと一つに結び合わされ、神の子ども、自由の子どもとして神の国の祝福を受け継ぐ者としていただいたのです。行いによらず信仰によって、恵みによって与えられた信仰によって義と認められる。これを「信仰義認」と言います。これが私たちの救いの中心にあるものです。

しかし、キリストによって義と認められ、神の子どもとなった。それで救いは完成かというとそうではありません。それは救いの〝始まり〟なのです。キリストによって義と認められた私たちは、今度はこのキリストの聖さに結び合わされて、聖へと変えられていき、そしてついにはキリストに似た者になるとみことばは語ります。それがコリント人への手紙第二、三章一八節が語るところです。

「私たちはみな、覆いを取り除かれた顔に、鏡のように主の栄光を映しつつ、栄光から栄光へと、主と同じかたちに姿を変えられていきます。これはまさに、御霊なる主の働きによるのです。」

ここで語られていることを教理のことばで言い表すと、聖なる者とされていく「聖化」と、やがて聖化の完成としてキリストと同じ姿に変えられる「栄化」ということになります。私たちの救いを教理のことばで整理すると、「義認」「子とされること」「聖化」、そして「栄化」と表現されてきたものです。これらの救いの教えを心に刻み、身に着けていくことで、私たちが今、キリストに似た者とされていく途上にあることを何度も確認したいと思うのです。

とりわけ、ここで覚えたいのが聖化から栄化への道筋についてです。キリストの贖いによって義と認められた私たちは、罪の奴隷の状態から神の子ども、自由の子どもとしての立場へと移し替えられました。そこからもう一度奴隷の状態に差し戻されることは決してありません。神の子の身分や立場を取り消すことを神はなさいません。それは神がなさったことだからです。

しかし前回学んだように、神の子どもとして新しく生まれた私たちは、それで完成したわけではなく、むしろそこから新しく歩みはじめ、成長していかなければなりません。キリストの聖さにあずかって、さらに成長していくのです。それはまさに私たちが生きることそのもの、日々の生活の問題となってきます。

　私たちはこの地上にありながら、もはや神の子どもであり、天に国籍を持つ、御国の民とされています。それゆえに、この天の御国の価値観を基準としてこの地上を生きていくのであり、食べるにも、飲むにも、何をするにも神の栄光をあらわすためとみことばによって教えられているように、具体的な生活の中で、神の栄光をあらわすべく、日々の歩みの中で聖さを追い求めていくのです。

　しかも、ここで重要なことは、聖化の教えは単に私個人が聖くなることにとどまらず、神が造られた被造世界すべてに関わっているということです。神の救いのみこころは創造から終末に至るこの世界の全体に関わるものであり、この世界も贖われる時を求めている。ですから神の子どもたちはこの世界が聖とされ、御国の完成に向かうために、今この時代、この社会に深く参与し、そこでキリストの聖さを実現していく。まさに「地の塩」「世の光」としての大切な務めがゆだねられているのです。

主と同じかたちに

神の子どもとしての生き方。それはかつて自分が価値を置いていたもの、大事だと握り締めていたもの、離れたいと思っていても離れることができずにいたこと、それらのものを「キリスト・イエスを知っていることのすばらしさのゆえに」、「ちりあくた」として手放し、そこから自由にされ、キリストにあって始められる新しい歩みです（ピリピ三・八）。私たちの人生の全体が神の栄光に向けて大きく方向付けられた人生となり、私たちの日々の生活が礼拝的な生活となっていくものです。私たちは毎日、礼拝しつつ仕事をし、勉強をし、家族に仕え、地域に仕え、子育てをし、親の世話をする。まさに大きな礼拝的な人生を生きているのです。

私たちの日々の歩みには決断が伴います。あるものを選び取り、あるものは捨て去り、そうしてキリストの聖さにあずかる歩みは続けられていきます。時には脇道にそれたり、順調に進んだり、疲れたりすることもあるでしょう。しかし、私たちの日々の小さな一歩の積み重ねの中で、主と同じかたちに変えられていく歩みは確実に続けられていくのです。この地上に生きながらも天に国籍を持つ者として、小さな存在であっても、地域、社会、関わる人々との間で、神の国の価値観を表しながら生きるようにと、私たちは召されています。

では、そのような私たちの聖化の歩みはいつまで続き、どこが到達点（ゴール）なのでしょうか。聖書は、私たちの聖化の歩みのゴールはイエス・キリストと同じ栄光の姿に変えられる時だと教えます。これが教理のことばでいう「栄化」です。もう一度、みことばに注目しましょう。

「私たちはみな、覆いを取り除かれた顔に、鏡のように主の栄光を映しつつ、栄光から栄光へと、主と同じかたちに姿を変えられていきます。これはまさに、御霊なる主の働きによるのです。」

ここには、私たちに約束されている最終的な到達点の姿がはっきりと語られています。イエス・キリストにあって生きる聖化の歩みは、もはや覆いがかかったような、ほんとうの目標を見失うような、かつての律法の力に縛られているようなものではありません。覆いが取り除かれ、はっきりとイエス・キリストを見つめて進む歩みであり、日ごとにキリストを仰ぎながら、鏡のようにキリストの栄光を反映させながら、栄光から栄光へと進んでいく歩みです。そのような歩みの最終的なゴールにあるのが、「主と同じかたちに姿を変えられていく」という栄化の恵みなのです。

この恵みの世界に入れられたとき、私たちはキリストの恵みにあずかりながら、主の御前に自分の人生を自覚的に、主体的に、一生懸命に歩んでいく。パウロがかつて

「私は自分のからだを打ちたたいて服従させます」（Ⅰコリント九・二七）と言ったように。大事なことは、目標を目指して最後まで歩み続けることです。人と比べる必要はありません。ペースを乱される必要もありません。信仰のレースは人より早く走ることでなく、ちゃんとゴールを迎えることです。生まれた赤ちゃんがいきなり成長することはありえません。年を重ねれば衰えもします。しかし私たちの「内なる人」は日々新たにされ、キリストにある完成の時まで私たちは成長することができるし、なすべき務めもまだまだあるのです。

パウロはコリント人への手紙第一、一五章四二節以降でこう語っています。

「死者の復活もこれと同じです。朽ちるもので蒔かれ、朽ちないものによみがえらされ、卑しいもので蒔かれ、栄光あるものによみがえらされ、弱いもので蒔かれ、力あるものによみがえらされ、血肉のからだで蒔かれ、御霊に属するからだによみがえらされるのです。血肉のからだがあるのですから、御霊のからだもあるのです。」

このように聖化の完成である栄化の恵み、キリストと同じかたちに変えられる恵みは、終わりの時にもたらされる私たちの望みです。復活の時、そのからだは確かに自分のからだでありながら、栄光のからだとなります。コリント人への手紙第二、三章一八節で、パウロは「主と同じかたちに姿を変えられていきます」と言います。神が創造してくださった人間のさらなる完成された姿が与えられるということ。それは言い換えれば、ほんとうの人間になるということです。

この被造物世界もまた、完成の姿が与えられる。ほんとうの世界となるということです。固有な名前を持ち、個性を持ち、歴史を持った独自の存在として、傷や欠けがあってもすべてひっくるめた存在として完成された姿を迎える。復活したイエス・キリストのからだには釘や槍の傷跡がありました。そのことの意味を、私たちはいつも覚えたいと思うのです。この恵みを望みとして、私たちの地上の歩みはなお続いていくのです。

苦難から栄光への道を

それゆえにまた、私たちの栄化を目指す聖化の歩みは、私たちの望みであるキリストに従う歩みであることをも意味します。パウロはガラテヤ人への手紙で次のように教えます。

「私はキリストとともに十字架につけられました。もはや私が生きているのではなく、キリストが私のうちに生きておられるのです。」（二・一九、二〇）

私たちの聖化とは、聖霊によってキリストを内に宿し、キリストご自身が私の内に生きてくださる歩みです。そしてそのキリストのみことばに導かれ、キリストのいのちに生かされ、キリストのみこころに沿って、キリストの栄光のお姿を望みとして私たちの歩みは導かれていく。それらを一言でまとめて言うならば、まさしくそれは「キリストに従う」という歩みにほかなりません。

ナチ・ドイツ時代の告白教会の牧師、神学者、そして殉教者であったディートリヒ・ボンヘッファーが、彼の主著の一つである『服従』の中で、その結論的なことばとして次のように言っています。「イエス・キリストのご生涯は、この地上ではまだ終わってはいない。キリストはそのご生涯を、キリストに従う者たちの中でさらに生きたもう。」

イエス・キリストと同じかたちにされていく栄化の時を目指して進む聖化の歩みは、このキリストに従う歩みにほかなりません。私が特別な人間になること、誇らしく輝かしい人間になること、完璧な理想の人間になること、自分がなりたい自分になること、そのような自己実現の歩みではありません。私の欠け、弱さ、傷がむしろ、キリストの恵みをあらわすものとなり、そのようにしてキリストがかたちづくられていく。その歩みは、高きの極みから低きの極みへと下られたキリストの後につき従う歩みであり、それは十字架の苦難と服従の歩みです。しかし、そのようにして私たちがキリストに倣いつつ、その愛に生かされて歩むとき、そこにほんとうの意味での「聖なる者」とされることが成し遂げられていくのです。

主に従って生きた一人一人の兄弟姉妹たちを思い起こすとき、これらの聖徒たちもやがて栄光のうちにキリストと同じかたちによみがえらされる、その時を待ち望む思いが一層強められます。それは、朽ちることのない、キリストと似た姿であり、その人がもっともその人であるという一番輝く、美しい完全な姿での再会が約束されています。その希望を抱きながら、この栄化の恵みにあずかるまで、地上における神の子どもとしての歩みを、聖なる者としての歩みを続けたいと願います。

苦難から栄光へと進まれた御子イエス・キリストの十字架の御足の跡を辿りつつ、天を見上げて、十字架を背負って、しかし決して悲観的にならず、絶望もせず、主から与えられている喜びの中を、御国を目指す旅路へと今日からまた赴いていきましょう。

13　ひるがえって、新しく生きる

1さて、パリサイ人の一人で、ニコデモという名の人がいた。ユダヤ人の議員であった。2この人が、夜、イエスのもとに来て言った。「先生。私たちは、あなたが神のもとから来られた教師であることを知っています。神がともにおられなければ、あなたがなさっているこのようなしるしは、だれも行うことができません。」

3イエスは答えられた。「まことに、まことに、あなたに言います。人は、新しく生まれなければ、神の国を見ることはできません。」4ニコデモはイエスに言った。「人は、老いていながら、どうやって生まれることができますか。もう一度、母の胎に入って生まれることなどできるでしょうか。」

5イエスは答えられた。「まことに、まことに、あなたに言います。人は、水と御霊によって生まれなければ、神の国に入ることはできません。6肉によって生まれた者は肉です。御霊によって生まれた者は霊です。7あなたがたは新しく生まれなければならない、とわたしが言ったことを不思議に思ってはなりません。8風は思いのままに吹きます。その音を聞いても、それがどこから来てどこへ行くのか分かりません。御霊によって生まれた者もみな、それと同じです。」

9ニコデモは答えた。「どうして、そのようなことがあり得るでしょうか。」10イエスは答えられた。「あなたはイスラエルの教師なのに、そのことが分からないのですか。11まことに、まことに、あなたに言います。わたしたちは知っていることを話し、見たことを証ししているのに、あなたがたはわたしたちの証しを受け入れません。12わたしはあなたがたに地上のことを話しましたが、あなたがたは信じません。それなら、天上のことを話して、どうして信じるでしょうか。13だれも天に上った者はいません。しかし、天から下って来た者、人の子は別です。14モーセが荒野で蛇を上げたように、人の子も上げられなければなりません。15それは、信じる者がみな、人の子にあって永遠のいのちを持つためです。」

（ヨハネ三・一〜一五）

神の子どもとして歩む

聖書は私たちに呼びかけます。

「キリストについての初歩の教えを後にして、成熟を目指して進もうではありませんか。」（ヘブル六・一）

信仰の成熟の表れは多様ですが、私はこんな姿を想像します。小さな段差で躓かない信仰、試練の中にあってもどっしりと構えることのできる信仰、さまざまな教えの風が吹く中でもバランスの取れた信仰、たとえ困難の中で打ち倒されそうになっても、倒れ込む前に次の一歩が出て、何とか踏みとどまる信仰。そうした一人一人によって組み合わされ、建て上げられていく教会は、健やかで、しなやかで、地に足の着いた歩みを続けていくことができるでしょう。

教理を学ぶこと、それはキリストのからだである教会の足腰を鍛えること、あるいは体幹を鍛えることと言ってもよいでしょう。多くの人がからだの健康を維持するためにランニングをし、ウォーキングをし、体幹トレーニングをし、ストレッチをするように、キリストのからだも健やかであるために、日々の鍛錬の積み重ねが欠かせません。怪我や病気になった時の対処も大切ですが、怪我をしないためのからだ作り、病気にならないための体質作りはより重要です。そしてそのためには即効性のある薬よりも、ゆっくりじっくりからだの中心から鍛えていくトレーニング、体質そのものを整えていく地味で地道な取り組みこそが必要なのではないでしょうか。

キリストにあって成熟を目指す歩み。それはまた神の子どもとして進む歩みでもあります。「子ども」ということばには「未熟な者」というニュアンスもありますが、むしろ聖書が語る「子ども」は「神に愛されている者」ということです。神に愛されている者として、ますますその愛を知り、愛の中で成熟に進んでいくのです。

日本キリスト改革派教会が作成した『子どもと親のカテキズム――神さまと共に歩む道』（教文館、二〇一四年）という書物があります。子どもたちの信仰教育のために作られた信仰問答（カテキズム）ですが、大人が学んでもじつにすぐれた良いものです。その第一問にこうあります。

問一　私たちにとって一番大切なことは何ですか。

答　神さまの子どもとして、神さまと共に歩むことです。

　このカテキズムは、人が生きる上で一番大切なこと、それは神の子どもとして歩むことであると教えます。「歩む」とは「生きる」ことそのものと言ってよいでしょう。しかもその際に大事なことは、「神の奴隷」として歩むのでも、「神の操り人形」として歩むのでもなく、「神の子ども」として歩むと言われる点です。神の子どもとして歩むとは、神に愛され、神の祝福を受け継ぐものとして神とともに生きるということでしょう。それが私たち人間にとって一番大切なことだとこのカテキズムは教える。家庭でも教会でも、あらゆる機会に子どもたちと語り合うことができたらと思います。

　神の子どもとして歩む道は、子どもか大人かは関係なく、私たち一人一人の前に今日も開かれ、備えられています。そのことを明らかにするのがヨハネの福音書三章のニコデモという人の姿です。ニコデモは「パリサイ人の一人」と紹介されます。パリサイ人というのは、そのような一つの民族が存在していたわけではなく、「パリサイ派」という当時のユダヤ教の主流をなす一派のことです。彼らは、旧約の律法を厳格に守る人々であり、その教えを生きた人たちでした。

　パリサイ派は福音書の中で、しばしば主イエスと対立する存在として登場してきます。

パリサイ派の人たちからすれば、ナザレ出身の大工のせがれが現れて、「私こそが旧約聖書が預言した救い主メシアだ」と自分のことを言うわけです。しかもパリサイ派や長老、祭司といったユダヤ社会の指導者層を「偽善者」「白く塗った壁」だと、ラディカルに批判することさえ厭わない。それはパリサイ派からすれば、神への冒瀆であり、自分たちへの挑戦と映ります。そうしたことからことあるごとに彼らは主イエスを敵対視し、やがては主イエスを十字架へと追い込んでいく一つの勢力となっていったのでした。

ニコデモはこのパリサイ派に属する律法学者であり、また「ユダヤ人の議員であった」とも言われます。当時のユダヤ社会は、宗教的なリーダーと政治的なリーダーがほぼ重なり合っていたようで、ユダヤ社会の中で司法や行政を司る最高法院、「サンヘドリン」と呼ばれる会議が置かれていました。ニコデモはその議員であったというわけですから、相当に社会的な地位の高い、まさに「長老格」の人物であったことがうかがいしれます。

そうすると、このニコデモが主イエスのもとを尋ねてきたということが決して当たり前ではなかったことがわかってくるでしょう。いったい彼はどのような思いで、主イエスのもとを訪ねて来たのか。このニコデモの姿を見つめるとき、そこに私たちの姿もまた映し出されてくるように思えるのです。

ニコデモに見る私たちの姿

ニコデモは「夜、イエスのもとに来て言った」とあります。夜に主イエスのもとを訪ねてきたニコデモの心の内を想像するときに、私たちが感じるのと同じような心の動きを見ることができるのではないでしょうか。

私が牧会している教会では、日曜日の夕方五時から夕拝を行っています。以前、先輩牧師から、「とにかく夜の礼拝はやりなさい。ニコデモのように、夕の礼拝で求道する人たちがいる」と言われたことがあります。社会的にも地位があるニコデモは、真っ昼間に主イエスのところに教えを請いに行っているのを他の人に見られるのは面目にかかわる、だから、夜に人目をはばかるようにして、そっと主イエスのところにやって来たのではないかと考えることもできます。

また、夜にニコデモがやって来たというのは、彼の真剣さの表れだと考えることもできるでしょう。後の予定を気にせずに、主イエスと向かい合い、じっくりと膝を突き合わせて、大事なことを語り合いたい。何かのついでとか、空いた時間にということでなく、時間をたっぷりとってもらってとことん語り合いたい。そこには冷やかし半分ではない、真剣なニコデモの求めがあったとも考えられます。

　皆さんが初めて教会を訪れたときのいきさつや心境はどうでしょうか。もしかすると、このようなニコデモと同じような心の動きがあったのではないでしょうか。周囲の目を気にしながら教会の扉をくぐるという方があるかもしれません。真剣な求めをもってじっくりと聖書に耳を傾けるために主のもとに来るという方もあったでしょう。実際、私たちの教会でも、夕拝に集い続け、そこから信仰に導かれていった方々がおられます。夕に開かれる礼拝が用いられる機会はまことに大きいと実感しています。

　いずれにしても、どのようないきさつであろうと、どのような心の動きがあろうとも、大切なのはニコデモが主イエスのもとにやって来たという事実です。ある人は家族に誘われ、ある人は友人に誘われ、ある人は渋々連れて来られたかもしれません。ある人は真剣に、聖書に何か答えがあるのではないかと思って教会に来た。けれども主イエスが招き、迎えてくださったので私はここに来ることができた。イエス・キリストの招きを拒むことなく、御前に進み出ることがまずは大事な一歩だということでしょう。

　こうして夜に訪ねてきたニコデモは主イエスに言います。「先生。私たちは、あなたが神のもとから来られた教師であることを知っています。神がともにおられなければ、あなたがなさっているこのようなしるしは、だれも行うことができません。」（二節）

それに応じて主イエスは言われます。

「まことに、まことに、あなたに言います。人は、新しく生まれなければ、神の国を見ることはできません。」（ヨハネ三・五）

ヨハネの福音書には、主イエスが誰かと語り合う対話の場面が数多く出てきます。実際にそれらの箇所を読んでみて抱く感想の一つは、「はたしてこの対話はかみ合っているのだろうか」というものです。ここでの主イエスとニコデモのやりとりも、一読するとすれ違ってかみ合わない対話のように聞こえます。しかしずっと会話を追いかけていくと、主イエスは終始一貫してひとつのことを語っておられることがわかります。主イエスがニコデモに伝えたいことはひとつ。それを繰り返し語っておられるのです。そのひとつのこととは「新しく生まれる」ということです。人はどうしたら救われるのか、罪の中から私たちはどうやったら救われるのか、それは、新しく生まれることである、と主イエスは言われるのです。

「まことに、まことに」とは、これから先もたびたび出てくる決まった言い回しですが、私たちが祈りの最後に言う「アーメン、アーメン」ということばです。これこそ確か、これこそ真実、これこそ真理のことばであると、主イエスご自身が明らかにしつつ語ってくださることばです。主はそのような確かなことばとして、「人は、新しく生まれなければ、神の国を見ることはできません」と言われた。ニコデモにとっても、私たちにとっても、どうしても必要なこと、一番必要なこと、それは「新しく生まれる」ことだというのです。

新しく生まれる

「ニコデモはイエスに言った。『人は、老いていながら、どうやって生まれることができますか。もう一度、母の胎に入って生まれることなどできるでしょうか。』」（四節）

主イエスの語りかけに対して、ニコデモが応じたことばです。そこには問いが込められています。当然の問いかけです。もちろんニコデモの「もう一度、母の胎に入って生まれることができるか」は、本気の問いではないでしょう。「そんなことできるわけがない。」主イエスが言われたことがいかにばかげたことであり、年を取っている者が新しく生まれるなど不可能ではないかと問うのです。もしかすると「私をばかにするのか」というニュアンスが込められていたかもしれません。それでも、もしニコデモが「私はパリサイ派だぞ。議員だぞ。長老だぞ」という人間的なプライドで主イエスの前に来ていたとしたら、そしてこの主イエスの語りかけに憤慨して席を立ってしまったとしたら、このやりとりはここで終わりです。しかし、なお対話は続きます。ここにニコデモの真理に対する真剣さ、謙虚さを見るのです。

主イエスは重ねて言われます。

「まことに、まことに、あなたに言います。人は、水と御霊によって生まれなければ、神の国に入ることはできません。」（五節）

主イエスが言われた三節と五節のことばは、多少の表現の違いがありますが、言わんとしていることはまったく同じです。このあたりがヨハネの福音書のやり取りのおもしろいところです。主イエスは、時に禅問答のように、なかなかすんなり素直には、大切なことを教えてくださらないことがあります。しかし、そのようにしてより深い大切な真理へとニコデモを導いてくださっているのです。

「新しく生まれる」とは、私たちが自分の人生を初めからやり直し、生き直すということではありません。今までの自分の人生は失敗だったから、自分の生い立ち、生まれ育った環境、親や家族との関係、自分の過去にはさまざまな問題があって、それでこういう自分の人生になってしまったから、もう一度リセットして、初めに戻って最初からやり直す。そういうことではないのです。それは私たちにはできないことです。主イエスは過去を清算して、上書きして、あらためて最初から生き直すというのでなく、「水と御霊によって生まれる」のだと言ってくださるのです。

主イエスはさらにこうも言われます。

「あなたがたは新しく生まれなければならない、とわたしが言ったことを不思議に思ってはなりません。風は思いのままに吹きます。その音を聞いても、それがどこから来てどこへ行くのか分かりません。御霊によって生まれた者もみな、それと同じです。」
（同七〜八節）

ここで主イエスは「風」ということばで、続く「御霊」の働きを表現しておられます。

そもそも新約聖書の「風」と訳される「プネウマ」には「息」や「霊」という意味があ

り、それは旧約聖書で神の息、神の霊を表すことば、「ルアハ」に通じるものです。神の霊は風のように吹き、どこからでも人を救い出し、人を新しくすることができる。神の霊は今も自由に働いておられます。

自分は神から遠く離れたところにいるから、今さら新しく生まれるなど無理だとあきらめてしまっている人がいるかもしれません。しかし、そんなことはないと主イエスは言われます。「風は思いのままに吹きます。」神の御霊は自由に働いて、神が愛する者たちをとらえ、取り戻してくださる。それはいつからでも、どこからでも起こることです。「神はこれらの石ころからでも、アブラハムの子らを起こすことができる」（ルカ三・八）と聖書には記されています。それは、道端に捨て置かれたような、取るに足りない存在であるこの私のことも神が見いだしてくださり、キリストの贖いを与え、聖霊によって新しい息を吹きかけてくださり、どこからでも私たちを新しく生まれさせてくださるのです。

上から生まれる　ひるがえって生きる

「新しく生まれる」というときの「新しく」ということばには、「上から」という意味があります。主イエスが語られた「新しく生まれる」とは、「上から生まれる」ということなのです。では「上から生まれる」とはどういうことか。

主イエスがニコデモに「上から生まれる」と語られたとき、そこでの「上から」とは、神がおられるところである「天」であるとともに、やがて主イエスご自身が上げられていく十字架の「上から」、そしてよみがえられて御父の右の座に着かれる「上から」なのです。どんなに罪にまみれていても、そこから、十字架に上げられたイエス・キリストを仰ぎ見るときに、人は上から賜わるいのちによって生きることができる。天へと上げられたイエス・キリストを仰ぎ見るときに、永遠のいのちを持つことができるのです。主イエスがこう言われるとおりです。

「だれも天に上った者はいません。しかし、天から下って来た者、人の子は別です。モーセが荒野で蛇を上げたように、人の子も上げられなければなりません。それは、信じる者がみな、人の子にあって永遠のいのちを持つためです。」

（同一三～一五節）

イエス・キリストは、私たちを今あるところで新しく、上から生まれさせてくださる。

それが主イエスにある新しいいのちであり、まことの信仰の道筋なのです。今、主イエスと出会ったその場所で、上から新しく生きる。上からひるがえって生きる者とされるのです。

私たちがパソコンで「かいしん」と打って変換すると、たいてい「改心」が出てきますが、聖書が教えるのは「回心」(conversion)です。上から、向きが変えられる。ひるがえりが起こる。「一から出直しなさい」「人生をやり直しなさい」ではなく、それまでの神から背を向けていた人生から「向きを変えなさい」ということです。過去に何があろうとも、消せない傷を負おうとも、犯した罪と過ちが責めようとも、主イエスにあって、私たちはひるがえって生きることができる。主イエスが下さる上からのいのちは、私たちをいつからでもどこからでも新しい人生に生かしてくださるのです。

深い悲しみに沈むとき、悩みの淵に喘ぐとき、人生の目的が見えず、絶望の闇の中に吸い込まれそうになるとき、この高く上げられた主イエス・キリストを仰ぐなら、ただそれだけで生きることができる。聖霊が私の痛む心、悩む心、傷ついた心を神の息吹によって癒やし、生かし、上を仰がせてくださる。どんな患難の中にあっても、苦しみの中にあっても私たちには絶望ではなく、希望の神がいてくださいます。

「この希望は失望に終わることがありません。なぜなら、私たちに与えられた聖霊によって、神の愛が私たちの心に注がれているからです。」（ローマ五・五）

人生のどんな地点にあっても、そこで主イエス・キリストと出会うなら、そして神の恵みにあずかるなら、そこで人は神へと鮮やかにひるがえって生きることができます。天へと上げられたキリストを仰ぎ見るとき、その上から私たちに新しいいのちが注がれます。

「だれでもキリストのうちにあるなら、その人は新しく造られた者です。古いものは過ぎ去って、見よ、すべてが新しくなりました。」（Ⅱコリント五・一七）

ヨハネの福音書三章で登場したニコデモが、次に登場するのは一九章です。

「その後で、イエスの弟子であったが、ユダヤ人を恐れてそれを隠していたアリマタヤのヨセフが、イエスのからだを取り降ろすことをピラトに願い出た。ピラトは許可を与えた。そこで彼はやって来て、イエスのからだを取り降ろした。以前、

夜イエスのところに来たニコデモも、没薬と沈香を混ぜ合わせたものを、百リトラほど持ってやって来た。」（三八、三九節）

かつて夜、イエスのところに来たニコデモが、十字架の主イエスの亡骸を墓に納めるために、白昼、人々の前に進み出る。パリサイ派のニコデモ、ユダヤ議会議員のニコデモが、自ら主イエスの弟子となったことを告白する瞬間です。

イエス・キリストは私たちを新しく、上から、ひるがえって生きるいのちに生かしてくださるいのちの主です。このキリストを仰ぎ、心を高く上げ、前を向いて、確かな足取りで新しく歩んで行きましょう。

14　キリストに結ばれて

1 それでは、どのように言うべきでしょうか。恵みが増し加わるために、私たちは罪にとどまるべきでしょうか。
2 決してそんなことはありません。罪に対して死んだ私たちが、どうしてなおも罪のうちに生きていられるでしょうか。
3 それとも、あなたがたは知らないのですか。キリスト・イエスにつくバプテスマを受けた私たちはみな、その死にあずかるバプテスマを受けたのではありませんか。
4 私たちは、キリストの死にあずかるバプテスマによって、キリストとともに葬られたのです。それは、ちょうどキリストが御父の栄光によって死者の中からよみがえられたように、私たちも、新しいいのちに歩むためです。
5 私たちがキリストの死と同じようになって、キリストと一つになっているなら、キリストの復活とも同じようになるからです。6私たちは知っています。私たちの古い人がキリストとともに十字架につけられたのは、罪のからだが滅ぼされて、私たちがもはや罪の奴隷でなくなるためです。7死んだ者は、罪から解放されているのです。8私たちがキリストとともに死んだのなら、キリストとともに生きることにもなる、と私たちは信じています。

（ローマ六・一〜八）

救いの全体としてのキリストとの結合

私たちに与えられた救いの恵みの全体を表すことばに、「キリストとの結合」という言い方があります。私たちが御子イエス・キリストと一つに結び合わされることを意味する教理のことばです。信仰によって義と認められる「義認」。そしてキリストによって「神の子ども」とされること、聖霊によって私たちがキリストの聖さにあずかっていく「聖化」、最後はキリストに似た者として栄光の姿に変えられていく「栄化」。こういう教理のことばを一つずつ私たちは確認してきたわけですが、ここで取り上げる「キリストとの結合」、キリストに私たちが結び合わされることは、一連の私たちの救いの全部を束ねているような、救いのすべてを包み込んでいるものです。

このローマ人への手紙六章は、私たちがキリスト・イエスと一つに結び合わされる恵みを教えるところです。六章はこのように始まります。

「それでは、どのように言うべきでしょうか。恵みが増し加わるために、私たちは罪にとどまるべきでしょうか。」（ローマ六・一）

もう罪は赦されているのだから何をしてもいいのではないか。救われるのに善い行いは関係ないのなら、かつての古い自分のように罪の行いをしてもいいのではないか。そのように考える人々がいることを考えて、パウロが想定問答のように記したことばです。罪に対して死んだ私たちが、どうしてなおも罪の中に生きていられるだろうか、もう私たちは罪の中から救い出されて神の子どもにされた。自由の子どもにされたのだ。かつての古い生き方に逆戻りなどできないとパウロは語ります。続く三、四節にはこう記されています。

「それとも、あなたがたは知らないのですか。キリスト・イエスにつくバプテスマを受けた私たちはみな、その死にあずかるバプテスマを受けたのではありませんか。私たちは、キリストの死にあずかるバプテスマによって、キリストとともに葬られたのです。それは、ちょうどキリストが御父の栄光によって死者の中からよみがえられたように、私たちも、新しいいのちに歩むためです。」

ローマ人への手紙六章は、私たちがイエス・キリストと一つに結び合わされていく恵みを教えている箇所です。特にイエス・キリストによる救いの確かさを表す洗礼の恵みが確認されています。

この箇所を読んでいきますと、「キリスト・イエスにつく」「キリストの死にあずかる」といった表現が繰り返されていることがわかります。そして、その極めつけのようにして語られるのが、五節に出てくる「キリストと一つになっている」という表現です。新改訳第三版では「キリストにつぎ合わされる」でした。ここでパウロは「接ぎ木」のイメージを用いながら、イエス・キリストと私たちとの間に生まれる、いのちの交わりを生き生きと描き出しているのです。

これはパウロが独自に生み出した教えではなく、イエス・キリストご自身が語っておられたことでもありました。

「わたしにとどまりなさい。わたしもあなたがたの中にとどまります。枝がぶどうの木にとどまっていなければ、自分では実を結ぶことができないのと同じように、あなたがたもわたしにとどまっていなければ、実を結ぶことはできません。わたしはぶどうの木、あなたがたは枝です。人がわたしにとどまり、わたしもその人にとどまっているなら、その人は多くの実を結びます。わたしを離れては、あなたがたは何もすることができないのです。」（ヨハネ一五・四〜五）

さらに同じヨハネの福音書一五章九節で、「父がわたしを愛されたように、わたしもあなたがたを愛しました。わたしの愛にとどまりなさい」と語られているとおりです。父なる神、御子イエス・キリスト、聖霊なる神の三位一体の存在において示された愛の中に、私たちもまた固く結び合わされているのです。

キリストとの結合の恵み

キリストと結び合わされることの恵みを重視し、これが救われた者の救いと生の基礎であり、また目当てであることを強調してやまなかったのは、宗教改革者カルヴァンです。カルヴァンはその主著である『キリスト教綱要』の第三篇の冒頭で次のように記しました。

「先ず第一に確定しておかねばならないのは、キリストが我々の外に立ち、我々が彼から離れている限り、彼が人類のために苦しみを受けて果たされたどんなことも、我々にとって無益であり、何の意味もないという点である。それ故、彼は我々を御父から受けたものに与らせるために、我々の一人となり、我々の内に住まねばならなかった。」

（『キリスト教綱要 改訂版』第三篇、渡辺信夫訳、新教出版社）

カルヴァンと聞くと、多くの人は理詰めで頭の固い神学者というイメージを抱きがちなのですが、彼が書き残したことばを読むと、実際には信仰の事柄を単なる思弁や理屈の世界で論じることを繰り返し戒め、むしろ信仰は生身の人間の生きた営みであり、ほかならぬ「私」にとっての切実な事柄であることを繰り返し論じていることがわかります。とりわけカルヴァンは聖霊の神のお働きに注目しました。ウォーフィールドという神学者はカルヴァンを「聖霊の神学者」とさえ呼んでいます。この聖霊によって「我々の外」におられるキリストが「我々の内」に来てくださり、私をキリストご自身に接ぎ合わせ、結び合わせ、ますますその結びつきを固く確かなものとしてくださることを明らかにしたのでした。

このように、イエス・キリストと私たちが一つに結び合わされていく現実は、私たちの救いの確かさにかかわり、また私たちが今、現実にキリストのいのちに生かされ、養われ、成長させられていることの確かな拠り所なのです。それは何かの論理、何かの形式というよりも、聖書のことばで言えばまさに「奥義」に属することといえるかもしれません。カルヴァン自身も「わたしは、この奥義の理解をこえた卓越さに対する驚きに、心を奪われている」と語っています。

私たちは、今、キリストと結び合わされているという信仰の現実を、日ごとの祈りの生活、みことばの生活、キリストとの深い生きた交わりを通して日ごとに経験し、また何よりも、キリストのからだなる教会の交わりの中で経験させられています。かしらなるキリストに結ばれたゆえに互いにも結び合わされた者たちが、兄弟姉妹としてイエス・キリストを礼拝し、主イエスのみことばに聞き、キリストに接ぎ合わされる洗礼を受け、主イエスとの結びつきを深めていく主の晩餐にあずかり続けることで、ますますその結びつきを固く確かなものとするのです。

キリストに結ばれる道筋

さらに、私たちがキリストに結ばれていく道筋として、二つのことを考えます。一つは「時間」ということ、いま一つは「苦難」ということです。

キリストとの結びつきは一瞬でなく、少しずつ時を経ながらの事柄です。キリストにあって生きる時の中で、私たちはさまざまな経験を繰り返し、積み上げていきます。その営みを通してキリストとの結合は確かにされていくのです。

ここで夫婦の関係、親子の関係、家族の関係を考えてみてもよいでしょう。結婚は神の前での契約ですから、その契約を結べば、その二人は固く結ばれて一心同体の存在とされます。しかし実際に夫婦の関係が一瞬にして完成するかといえば、もちろんそうではありません。結婚の誓約をスタートにして、そこから時を重ね、経験を重ね、時には危機の時も乗り越えながら、祈り合い、愛し合って夫婦となっていくわけです。それは一生をかけて作り上げられていく交わりといってもよいでしょう。

親子の関係はどうでしょうか。父親、母親にとってわが子は愛してやまない、かけがえのない存在です。しかしそれも決して当たり前のことではありません。子どもが生まれたから自動的に親になる。確かにそういう面もあるでしょうが、実際には一人の人を育て上げていく上で、多くの悩みを通り、苦労を重ねます。赤ん坊のころは無条件にただただかわいらしく、愛を注ぐ対象と思える子どもも、やがて大きくなり、思春期になり、自立して親から離れていくプロセスにおいては、時にはぶつかり合い、傷つけ合い、分かり合えないほどの隔たった関係になることだってある。しかしそういう経験をくぐり抜けながら、また親は親となっていき、子どもも子どもとして親との関係を修復し、建て上げていくことがある。

家族の関係においても同様です。家族がいつも円満というわけではない。家族だからこそ背負わなければならない重荷があり、家族だからこそ知らず知らずのうちに受けたり、与えたりしている傷もある。しかしいろいろな紆余曲折（うよきょくせつ）を経ながら、やっぱり家族になっていく。そこにあるのは互いをあきらめない愛の関係であり、それでも互いを信じる信頼の関係であり、何と言ってもこれは自分が選んだのではない、与えられた存在だと受け取る心です。

こうして私たちは愛することを学び、信頼することを教えられ、相手の存在を神の賜物として感謝して受け入れることを訓練させられていく。まさにそれらの経験を通して、私たちはキリストと一つに結ばれていく道筋を歩んでいるのです。

また、「苦難」ということを考えます。私たちがキリストと一つに結ばれていく一つの契機に、苦しみの経験がある。信仰の試練の中で神を遠くに感じたり、苦難の中で神に見捨てられたかのように思えたりするときに、じつはそれらを通してキリストとの結びつきはいっそう緊密にされていくのです。苦難の中で、試練の中で、キリストとの結びつきが確かにされ、固くされ、純化されている。それがキリストに結び合わされた者の歩みなのです。

別れの悲しみ、挫折の痛み、病の苦しみ、経済の不安、夫婦や親子、家族の傷。あるいは災害や事故の犠牲者となる。不慮の出来事に巻き込まれる。誰かの犠牲になる。そのような持って行き場のない出来事などなど。これら人生におけるさまざまな苦難の中で、じつは、そこでしか出会うことのできない十字架のキリストとの深い結びつきを経験させられていくということがあるのです。

教会という交わりにおいても同様です。教会という船が嵐の中をくぐり抜けていくとき、そこで私たちはキリストと一つに結ばれ、またキリストにあって互いもまた一つに結ばれていくのです。時代の嵐の中を通り、大波をかぶり、風に翻弄され、恐れ惑うことが起こるでしょう。迫害もあり、信仰の危機を経験するでしょう。しかしそこで私たちは「教会を信ず」との告白をもって、キリストに結ばれる道筋を歩んで行きたい。神の国の完成を目指しての航海を進んで行きたいのです。苦難の中でますますキリストとの結びつきを固くされ、純粋なものとしていきながら、救いの完成を目指して進む私たちでありたいと願います。

15　あなたを見放さず、あなたを見捨てない

1兄弟愛をいつも持っていなさい。

2旅人をもてなすことを忘れてはいけません。そうすることで、ある人たちは、知らずに御使いたちをもてなしました。

3牢につながれている人々を、自分も牢にいる気持ちで思いやりなさい。また、自分も肉体を持っているのですから、虐げられている人々を思いやりなさい。

4結婚がすべての人の間で尊ばれ、寝床が汚されることのないようにしなさい。神は、淫行を行う者と姦淫を行う者をさばかれるからです。

5金銭を愛する生活をせずに、今持っているもので満足しなさい。主ご自身が「わたしは決してあなたを見放さず、あなたを見捨てない」と言われたからです。


（ヘブル一三・一～五）

教理は倫理へ

「喜びの知らせ」というテーマでみことばに聞き続けてきました。聖書が語る福音について、福音を私たちに伝えてくれる聖書について、福音を宣べ伝える教会について学び、聖書を通して語られる父なる神について、私たちの救い主なる御子イエス・キリストについて、さらに御子キリストが成し遂げてくださった十字架と復活による贖いの御業について、そして聖霊によって私たち一人一人に与えられていく道筋として、義認、子とされること、聖化、栄化、キリストとの結合について学んできました。

本書のしめくくりとして、最後に心して聞いておきたいみことばはヘブル人への手紙一三章です。この章で語られていることを一言でまとめるならば、「福音を信じた者の生き方」と言ってよいでしょう。

これまで繰り返し確認してきたように、信仰とは抽象的な思想や哲学、思弁ではなく、生きることそのものです。「信じる」ことと「生きる」ことは切り離すことができません。福音は単に知識として、思想として、観念として知ること、捉えることにとどまらず、生きられなければならないもの。生きられてこその福音なのです。喜びの知らせは、それを受け取った人の生き方に変革をもたらすものです。喜びは私たちの心とからだを動かします。喜びは私を生かすものであり、この喜びに生きるとき、私たちの生き方は福音を証しするのです。

このことを教理のことばで整理していうならば、「教理は倫理へと結実する」ということです。福音の教えは、その人の生活、生き方に着地し、具体的にその人の生き方を変えていくものなのです。神学の世界では教理を体系化したものを「組織神学」「教義学」などと言いますが、教義学において教理が徹底的に扱われた後、それに続いて「倫理学」が論じられるというのが、神学の古典的な構造になっています。つまり「教え」は具体的な「生き方」になって着地し、実を結ばないと意味がないのです。ただキリスト教の知識、教えの仕組みを学ぶだけでは意味がありません。学んだことが実際に私たちの中にどうやって生かされていくのか、生活の中に実を結んでいくのか、そこにまで届かなければ、私たちの生き方を変革するものとはなりません。教理は倫理へと結実しなければならないのです。

パウロの書簡、とりわけローマ人への手紙やエペソ人への手紙は、この考え方がとてもよく表れています。すなわち書簡の前半で教理篇を扱い、後半で倫理篇・実践篇を扱うという書き方になっているのです。

たとえばローマ人への手紙。全部で一六章から成る手紙のうち、一章から一一章までは救いの教理が述べられ、一二章一節で「ですから、兄弟たち……あなたがたのからだを、神に喜ばれる、聖なる生きたささげ物として献げなさい。それこそ、あなたがたにふさわしい礼拝です」と言われると、そこから終わりの一六章にかけて、キリストを信じた者の生き方、礼拝者としての生き方、倫理が述べられていくのです。しかもその際、この教理篇と倫理篇の結び目には「ですから」、「そういうわけですから」ということばが置かれます。このことばによって福音の教理が必然的に求める生き方、倫理へと繋がっていくのです。

ヘブル人への手紙はどうでしょうか。この手紙は新約聖書に収められたほかの手紙と比べるとずいぶん雰囲気が違います。著者が誰であるかもはっきりせず、そもそもこれは手紙なのかということも議論されます。今日、ヘブル人への手紙は「手紙」というよりも、教会に対して送られたいくつかの説教をまとめた「説教集」の一部のような書物だと言われています。そしてその内容は、旧約聖書との関係に注意を払いながら、まことの大祭司であり完全ないけにえとなってくださった、救い主イエス・キリストについて教えるというものです。その上で、このイエス・キリストにある生き方、信仰者の生き方を記しているのです。

福音に生きる

教理は倫理に結実し、信じていることが生き方の中に実を結ぶと聞いて、私たちはつい身構えます。聖書が私たちに求める倫理とはどれほど高いものなのか。どれほどの厳しい要求が突きつけられるのか。その高く厳しい倫理の基準を前にして、私たちはバッサリと切り捨てられるのではないかと恐れる心が生まれます。

しかし、そう思ってあらためてヘブル人への手紙一三章一節からのみことばを読んでみると、意外な印象を抱くのではないでしょうか。兄弟愛を持て、旅人をもてなせ、牢にいる人や虐げられている人を思いやれ、結婚のきよさを保て、金銭を愛する生活をしてはいけない。確かにどれも大事な教えであり、そしてどれも決して簡単ではありません。その意味では確かに高く厳しい教えです。しかしそのうえで、ここで教えられていることは、何か特殊な要求、格段に厳しい基準、キリスト教信仰に独特の命令かというと、必ずしもそうではない。むしろ、人の生き方としては極めて当たり前のこと、常識的で真っ当なことが命じられています。もちろんそれだって決して簡単なことではないのですが、それでもキリスト者に求められる倫理というならば、他の人よりももっと高尚な、高潔なものがあるのかと思ったら、なんだ意外と普通なことではないか、とちょっと拍子抜けするという思いを抱くことがあるかもしれません。

そこで私たちが気づかされるのは、それほどのまったく当たり前の、常識的な生き方をあらためて聖書が私たちに求めているという事実です。しかも、まことの大祭司キリストによる完全な贖いの恵みを一章から一二章までかけて切々と語ってきたヘブル人への手紙の著者が、それらの福音の教えを踏まえて私たちに求めているのが、兄弟を愛せ、隣人を思いやれ、夫と妻が互いに相手に忠実な愛に生きよ、金銭を愛するなというメッセージであるという事実です。

つまりそこには、まさしく冒頭から繰り返しているとおり「福音とは生きることそのものだ」という確信があるのです。

キリスト者になるとは、決して特別な存在になることではなく、ごく普通の、しかし正直で真っ当な人間になるということです。しかもそれは誰でも言える道徳の教えでなく、ただイエス・キリストの福音からもたらされる生き方なのです。何か特別な生き方をせよというのでない。聖人君子のように生きよというのでもない。ただひたすらひとりの人間として、しかも隣人とともに生きる人間として、ひとりでは生きられず絶えず他者の助けや支えの中に生きる人間として、金銭で買えることのできない、より価値あるものによって生かされている人間として、人間らしく生きるということにほかならない。神を信じて生きることは、私たちが真の意味で〝人間らしく生きる〟〝私らしく生きる〟ことなのです。神を神とするとき、人間は真の意味で人間になっていく。神から離れて生きることができない存在、それが私たちなのです。

その上で、あらためて気づかされることがあります。それは、私たちが自分の力によってはのひとりをも愛することができず、旅人をもてなすことも億劫で、まして遠くにいて会ったこともない、苦しみの中にある人々について想像することができず、愛する夫や妻に対しても最初の誓いに生きることの困難さを覚え、さまざまな誘惑に駆られ、また金銭の持つ力に驚くほどに弱いという悲しいほどの現実の姿です。キリストによってあらわされた父なる神の愛で愛されていながらなお、その愛に生きることのできない私たちがいる。まことに罪赦された罪人にすぎない己の姿と向き合わされることになるのです。

そうであるならば、私たちはこのヘブル人への手紙一三章に記されていることは、普通のことであえて教えられる必要もない、と読み飛ばすことができるものでしょうか。当たり前のことだからこそ、私たちはそこで立ち止まらされるのです。当然のことでありながら、それができない自分の姿をそこで見せつけられるのです。

愛にとどまり続けて

そこで、私たちが目を留めたいのが一節のみことばです。

「兄弟愛をいつも持っていなさい。」

他の訳では「兄弟愛を続けなさい」（口語訳）、直訳すると「兄弟愛にとどまり続けよ」です。そこにはまず「兄弟愛」という現実があり、その愛の中にとどまり続けなさいという勧めが語られています。ここでの「兄弟愛」とは、血縁関係にある兄弟ということでなく、キリストの愛によって結ばれた神の家族、教会の交わりのことです。

「こういうわけで、兄弟たち。私たちはイエスの血によって大胆に聖所に入ることができます。イエスはご自分の肉体という垂れ幕を通して、私たちのために、この新しい生ける道を開いてくださいました。また私たちには、神の家を治める、この偉大な祭司がおられるのですから、心に血が振りかけられて、邪悪な良心をきよめられ、からだをきよい水で洗われ、全き信仰をもって真心から神に近づこうではありませんか。約束してくださった方は真実な方ですから、私たちは動揺しないで、しっかりと希望を告白し続けようではありませんか。また、愛と善行を促すために、互いに注意を払おうではありませんか。ある人たちの習慣に倣って自分たちの集まりをやめたりせず、むしろ励まし合いましょう。その日が近づいていることが分かっているのですから、ますます励もうではありませんか。」

（ヘブル一〇・一九～二五）

キリストの血によって贖われた私たちは一つの家族とされた。この神の家族の交わりをこれからも保ち続けていこう。しっかりと希望を告白しよう。互いに愛と善行に励もう。困難な時代が来るけれども、集まることをやめないで、ますます励まし合い支え合っていこう。ヘブル人への手紙の著者は「兄弟愛」の表れをこのように言い表していきます。

神の家族の中心には、父なる神のもとから私たちのもとに来てくださり、十字架と復活を通して私たちを神の子どもとするために贖いを成し遂げられた御子イエス・キリストがおられます。神の御子が長子となって、私たちの兄弟となってくださった。このキリストにあって私たちも神の子どもとされ、キリストと結び合わされた。それゆえに、キリスト以外には何の繋がりも接点もなかった私たちが今や互いに「兄弟姉妹」となっている。このイエス・キリストの愛によって結ばれた兄弟愛にとどまり続けよ、とみことばは命じるのです。

これは、私たちにとって決して新しい教えではありません。ヨハネの福音書一三章において、主イエスご自身が繰り返し、「わたしにとどまりなさい」「わたしのことばにとどまりなさい」「わたしの愛にとどまりなさい」と語ってくださっていました。このキリストの愛にとどまり、キリストによって結び合わされた互いの愛の中にとどまり続けるとき、私たちは自分の愛のなさに何度も挫折しながら、それでも最初から何度でもやり直すようにしながら、愛に生きることを具体的に学び、愛を学び続けることでひとりの人として成長し、福音に生きるからだが作り上げられていきます。こうしてこの愛の中で、目の前にいるひとりの人、傍らにいるひとりの人を愛することを学びながら、次第にその愛の波紋が広げられていき、愛の想像力が鍛えられていき、そうして旅人をもてなす心、まだ見たこともない苦しみの中にある人々を思いやる心が、少しずつであっても確実に育まれていくのです。

大事なことは、愛の中にとどまり続けることです。愛の外に出てしまってはならないのです。いったい私は今どこに立っているのか、場所の問題はきわめて重要です。私たちは今、いったいどこからこの愛の交わりを見ているのでしょうか。愛の交わりの外に身を置いて、そこからその交わりについて批評しても何も変わりません。愛の交わりの重荷を背負うことなしに、労苦をともに担うことなしに、痛みや忍耐をともに味わうことなしには、決して経験することのできない喜びや恵みの世界がある。互いに愛し合いなさい、互いに仕え合いなさいという主イエスの命令に生きることなしには決してわからない、神の経験させてくださる世界がある。キリストの示してくださった愛の中にとどまり続けるというのは、そのような経験をもたらすものです。

確かにキリストの交わりに身を置かなければわからないことがあります。そこで一緒に重荷を背負いながら、その愛の中でともに生きることが必要ではないでしょうか。そして、自分もその愛を必要としているひとりだという気づきが必要です。いつしか気づかぬうちに自分を他者より一段高いところに置いて、兄弟愛のあり方を冷ややかな目で見ることになりやすいのです。じつは、一番兄弟愛を必要としているのは私自身だということに気づくことが必要です。「あなた自身を愛するようにあなたの隣人を愛せよ」との主イエスの教えのごとく、隣人を愛するためにはまず自分を愛さなければならない。主イエス・キリストからほんとうに愛されているという実感がなければ、私たちは他者を愛することができないのです。まず、自分が神の愛を必要としている弱い罪人のひとりだと気づくことから始まっていく喜びの世界が、私たちの前には広がっているのです。

わたしは決してあなたを見放さず、あなたを見捨てない

そこで、一三章五節の最後にヘブル人への手紙の著者が記すのが、このことばです。

「わたしは決してあなたを見放さず、あなたを見捨てない。」（五節）

このことばは、直前の「金銭を愛する生活をせずに、今持っているもので満足しなさい」との勧めを裏づけることばとして読むのが自然です。お金がすべてだという人々に向かって、神はあなたを決して見放さず、見捨てないと言っているのです。しかも単に五節だけに限定せず、一節から五節までで語られる、キリスト者の生き方全体を支える約束のことばとして「わたしは決してあなたを見放さず、あなたを見捨てない」を受け取ることがふさわしいでしょう。

喜びの知らせとしての福音。それを突き詰めて言い表すとすれば、それは「わたしは

あなたとともにいる」と言ってくださる神がおられるということです。しかも、それはことばだけのことでなく、具体的に姿かたちをとって「インマヌエル」なる主イエス・キリストとして、この地上に来られました。そのキリストが私たちとともにいて、「見よ。わたしは世の終わりまで、いつもあなたがたとともにいます」（マタイ二八・二〇）と言ってくださり、「あなたがたを捨てて孤児にはしません」（ヨハネ一四・一八）と助け主の聖霊を送ってくださり、今もそのお約束のとおりにみことばと御霊によって、礼拝において臨在をあらわしてくださっているのです。

それにもかかわらず、私たちはしばしば「ともにいる」という神の約束だけでは不安になり、不十分のように感じ、他の拠り所を探そうとします。神のほかに、あるいは神に並べて。時には神のその手をふりほどけるものと勘違いし、自分から離れていこうとすらするのです。しかしあらためて、神さまが私たちを愛してくださった愛がどれほどのものなのかをもう一度知り、受け取り直したいと思います。

ヘブル人への手紙一三章五節のことばは、旧約聖書の申命記三一章六節からの引用と言われます。

「強くあれ。雄々しくあれ。彼らを恐れてはならない。おののいてはならない。

あなたの神、主ご自身があなたとともに進まれるからだ。主はあなたを見放さず、
あなたを見捨てない。」

申命記とは、出エジプトを果たしたイスラエルの民が、四十年に及ぶ荒野の旅路の果てにいよいよ約束の地カナンに入って行こうとする前に、モーセを通して神が語られた説教集です。その荒野の四十年の終わりに神が語られたことばが、「主はあなたを見放さず、あなたを見捨てない」でした。私たちもまた信仰の旅路を続けながら、時には荒野のような道を通ります。約束の地への道のりは長く、どれほどの時が必要かもわかりません。すべての見通しが立っているわけでもなく、どういう道を通るかも知らされておらず、どんな労苦が待っているかもわかりません。頼みとするのはただ「わたしはあなたとともにいる」と言われる生ける神ご自身であり、神のお約束だけです。

「ともにいる」ということ。これが一番の愛だと思うのです。愛とは何かと考えるとき、犠牲を払うこと、その人のために何かをしてあげること、時間、お金などを費やしてあげること、いろいろなことを考えますが、結局のところは「あなたと一緒にいます」ということに尽きるでしょう。何が起ころうとも、何が奪われても、とにかく一緒にいることを絶対にやめない。どんなに不利な立場に置かれても、どんなに危機に瀕し

ていても、あなたを見捨てることだけは絶対にしない、必ずどこまでもあなたとともにいる。これが神の愛です。その愛の御手の中に、今、私たちはしっかりと握りしめられているのです。

インマヌエルなるイエス・キリストが「わたしは決してあなたを見放さず、あなたを見捨てない」と言われる。この愛の中に「とどまり続けよ」と命じるイエス・キリストご自身が私たちのうちにとどまり続け、「わたしは決してあなたから離れず、決してあなたを置き去りにはしない」と言ってくださる。ここに福音がもたらす一番の喜びの知らせがあるのです。

あとがき

牧師として教会に仕える日々の中で、「三つの〈全体〉を大切にする」ということを心がけてきました。一つ目は「聖書の〈全体〉」(ルカ二四・二七)を説き明かすみことばの奉仕を大切にすること、二つ目は「群れの〈全体〉」(使徒二〇・二八)に対する魂の配慮の奉仕を大切にすること、そして三つ目が「神のご計画の〈全体〉」(使徒二〇・二七では「すべて」)を余すところなく伝える奉仕を大切にすることです。

これら三つのうち、とりわけ牧師の務めの中心である説教奉仕においては、「聖書の全体」と「神のご計画の全体」を明らかにすることを心がけ、旧約、新約の各書からの連続講解説教に取り組むとともに、さまざまな仕方で教理を説く説教を語り続けてきました。

こうして毎主日の朝拝、夕拝でみことばを語り続けながら、絶えず心にあったのは、

「喜びの知らせ」としての福音を伝えるということ、そしてその福音に「生きる」ことの喜びを分かち合うということでした。

徳丸町キリスト教会では、毎主日、六時半からの早朝礼拝、九時からの第一礼拝、十時半からの第二礼拝、夕方五時からの夕拝と、四回の礼拝をささげ続けています。そのいずれの礼拝にも、求道中の方がたいてい集っています。ですから、どの説教においても絶えず求道者、新来者がいることを意識してきました。

日本の教会の説教は、毎回が伝道的な説教であるとの自覚を持つことが大切なのではないかと思います。そして伝道的な説教であるためには、明確で堅固な教理的骨格を持った説教であることが求められていると思います。「喜びの知らせ」としての福音が伝えられていくために、教理的にしっかりとした骨格を持ち、福音の本質がはっきりと提示され、救いに至る筋道がくっきりと見えてくる。そして、福音の招きに応えて一歩を踏み出してみようと背中を押してくれる。そのような説教が求められているのではないでしょうか。

ここに収められた説教は、徳丸町キリスト教会で「福音に生きる」と題して語られた全十五回の礼拝説教が原型となっています。今回、書籍化するにあたっては、説教が語られた当時の雰囲気をできるかぎり残すことを心がけつつも、「説教による教理入門」という体裁に整えるために全体をまとめなおし、補訂・修正を施しました。

また当初、「福音に生きる」をそのままタイトルにすることも考えたのですが、すでに同名の書物があるということで、『喜びの知らせ』と新たにタイトルを付けました。


昨今、十字架と復活に集約されすぎる福音理解、個人の救済に重点を置きすぎる信仰理解への反省が語られ、新しい視点に基づく福音理解、信仰理解が語られるようになっています。創造から終末に至る歴史と全被造物を視野におさめたダイナミックな福音理解、個人とともに世界の回復と更新を視野におさめたトータルな信仰理解の重要性は私自身も確信するところです。

しかしながら、これらのことが十字架と復活から焦点がずれる仕方で、また人の罪の現実と救いの喜びの姿を曖昧にさせる仕方で展開されるならば問題です。この説教でも、しつこいほどに、くどいほどに十字架、復活が繰り返されるのは、ほかならぬ私自身が「十字架のことばは愚か」ということを徹底して理解するためでもあるのです。

この拙(つたな)い書物を手にしてくださる方々が、語られ、聞かれてこその福音、宣べ伝えられてこその福音、信じられてこその福音、そして生きられてこその福音を自らのものとしてくださるように、そしてその福音の喜びの知らせが、新しい方々のもとへと届けられていくようにと祈ります。

最後に、企画段階から伴走してくださったいのちのことば社の米本円香さん、前著に続き心を込めて福音の豊かさを装丁・装画で表現してくださったホンダマモルさん、丁寧な校正をしてくれた娘のみくに、よき同労者である妻真樹子と家族に感謝します。

本書を、二〇〇〇年に赴任してから二十年の間、ともに福音の喜びに生き続けている、愛する徳丸町キリスト教会の皆さんにおささげします。

二〇二〇年二月　信教の自由を守る日に

朝岡　勝

著者

朝岡　勝（あさおか・まさる）

1968年茨城県出身。

東京基督教短期大学、神戸改革派神学校卒。日本同盟基督教団徳丸町キリスト教会牧師。

著書に『〈あの日〉以後を生きる　走りつつ、悩みつつ、祈りつつ』『ニカイア信条を読む　信じ、告白し、待ち望む』『ハイデルベルク信仰問答を読む　キリストのものとされて生きる』『増補改訂 「バルメン宣言」を読む　告白に生きる信仰』『剣を鋤に、槍を鎌に　キリスト者として憲法を考える（以上、いのちのことば社）、『教会に生きる喜び　牧師と信徒のための教会論入門』（教文館）。共著に、『福島で生きていく』『キリスト者から見る〈天皇の代替わり〉』（以上、いのちのことば社）、『キリストが主だから　いま求められる告白と抵抗』（新教出版社）、『教えてパスターズ!!』（キリスト新聞社）ほか。

喜びの知らせ
——説教による教理入門

2020年4月25日　発行

著　者　　朝岡 勝
印刷製本　シナノ印刷株式会社
発　行　　いのちのことば社
〒164-0001 東京都中野区中野2-1-5
電話 03-5341-6923（編集）
03-5341-6920（営業）
FAX03-5341-6921
e-mail:support@wlpm.or.jp
http://www.wlpm.or.jp/

ISBN 978-4-264-04144-3